U0876560

若想拥有魅力之唇，
必须说亲切的话语。
若想拥有可爱之眼，
必须在人群中发现美。
若想拥有苗条的体形，
必须分给饥饿者食物。
若想拥有美丽的头发，
必须每天都让孩子抚摩你的头。
若想保持稳健的脚步，
必须记住你不是在独自行走。
不仅事物，
人也必须日新月异，重新发现，充满活力。
谁都不能遭到漠视。
当你需要援助之手的时候，
必须记住你的胳膊上也有手。
随着年龄的增长，你会懂得，
你有两只手：
一只手用来帮助自己，
另一只手用来帮助他人。

——奥黛丽·赫本

一个个撼动灵魂的悲惨故事让我不忍卒读，掩卷深思。很久很久都没有让自己如此悲怆而又无奈地暴露在这些鲜为人知的感动中了。

——出版策划人　马双才

雨啊，请你到非洲

［韩］金惠子／著　薛舟　徐丽红／译

中国三峡出版社

代序：非洲，地球的黑洞

仿佛有一双无形的手，让我与此书结下了不解之缘。那是一年前，我赴香港公干，在临街的一个小书店里看到了她。随意翻开一看，当即被一幕幕匪夷所思、惨绝人寰的照片所撞击、所震撼。之后，我将一篇评介此书的稿件编发在我主编的《时文博览》杂志上，以期引起更加广泛的关注。

后来，这本书就放在案头，但我不忍轻启，更不忍卒读。我沉重地思索：地球上60亿人口，尽管每天同顶着一个天空，共有着一轮明月，何以景况差别如此之大？

与我尊敬的业内著名出版策划人马双才先生探究，越谈越感到这本书的分量，决计从国外引进版权出版，让生活在和谐中国大陆的人们了解，在地球的另一端，在非洲大陆，那里人们今天的生活状况，从而更珍惜自己拥有的幸福。

拿着翻译出来的稿子校阅，校几页就要停下来稳稳心神，因为胸中总有一股苦酸的热浪涌出，冲撞翻腾难以自持。我无法概述此书的精要，随手录下书中一些读了就难以忘怀的段落：

一个人要有多少只耳朵，才能听见人们痛苦的呐喊？

在塞拉利昂的一个救助站里，我们见到了一个双臂都被剁掉的男人，只剁掉一只手的女人，还有几个被砍去一只手臂的男人。

每个人被剁掉的部位各不相同，是砍掉手腕还是手臂或是从胳膊中间砍断，全看叛军当时的心情。其中一个女人，手腕没有被彻底砍掉，还连着一部分，于是她就托着血肉模糊的手腕逃跑，直到3天后，才在一块锋利的石头上蹭掉了连接的筋骨部分……

这不是历史，不是小说，而是在人类文明高度发展的当今，非洲大陆的真实生活。我情不自禁地摸摸自己的手腕、胳膊，庆幸它们的完好。

那些童兵还犯下了难以想像的罪行：打赌孕妇怀的是男孩还是女孩，然后真的剖开女人的肚子，取出胎儿验证……还有一个女人，她留下年迈的母亲，独自避难去了。然而她还是感觉良心不安，于是回到村庄，却看见母亲的头在地上滚动……

一股刺鼻的血腥味涌了上来。什么是地狱？地狱在哪里？地狱就在活生生的现实世界里，就在这本书所白描的那块非洲土地上。

我感到痛、痛、痛，碰到哪里都是痛，最心痛的是那些幼小的孩子：那些饿得像骷髅一样，经常以青草为食的，细胳膊大肚子的孩子没有什么要求，只是想吃饱肚子，维系他们微若尘芥的生命而已。

饥饿的幼儿闪着纯真而无助的大眼睛，眼巴巴的只有一个请求："给我点吃的！"而人民币8角钱就可以使他们一天吃饱，但他们却没有。

我有些怨恨这本书，她无情地揭开了生活中最丑陋、最阴暗、最残暴、最血腥的角落，使我的心绪变得愤懑而沉重；我庆幸看到这本书，她让我知道平凡如我辈者，竟然还得到生活那么丰富地赐予。世界上还有那么多幽灵似的生命在承受着不知尽头的煎熬，我们又有什么理由无病呻吟？我由衷赞赏这本书，她使我明白了生命的良知和责任：尽微薄之力，给困苦中的人们一些帮助。兔死尚且狐悲，何况我们同为人类？

夜越发深了，没星没月，漆漆的夜幕笼罩着天宇。在无声无息的字里行间，我仿佛闻到天地间起伏的呼吸，仿佛触摸到生命脉搏的跳动。

终于校阅完最后一个字，我无丝毫倦意，站在窗前，心中澄明一片。不知何时，在天的尽头，一缕霞光冲破了乌黑的云层，黎明正在到来。新的一天就要开始了。

《时文博览》杂志主编 李健

2007年秋于北京

爱在付出之前不能算是爱

如果问金惠子女士，您今生最满意自己扮演的哪个角色？我想，她的答案可能会是“世界展望会亲善大使”。没有华美灯光，没有热烈掌声，也不需要上好的演技，然而在非洲这个特殊的舞台上，她却完美演绎了一个人间天使的角色。

金惠子女士出演过很多值得骄傲的影视作品，她曾演过80多部电视剧、13部戏剧，以及两部电影，在数次评选活动中获得大奖。有了这么多荣誉，可谓是功成名就，年届半百的她该过上富足安宁的生活，或者像众多艺人那样，拍一部写真集，留下青春的美丽印记，抑或写一部《我的自传》之类，名留史册，甚至可以编纂一本《不得不说的故事》，成为人们的巷议话题、饭后谈资，以示自己的不甘寂寞。

不，这些都不是她的选择，她勇敢地踏上了非洲这片贫瘠的土地，果决如屠格涅夫笔下《门槛》里的女子。门槛里面会是寒冷、饥饿、憎恨、嘲笑、轻视、侮辱、监狱、疾病，甚至于死亡。然而，她还是迈进去了。是“傻瓜”还是“圣人”，自由他人论说。

非洲对很多人来说像一个符号，是广袤的热带大草原、奔跑的野生动物，是连绵的香蕉林、粗犷的异域舞蹈。即使是某种程度上的贫穷，也戴上了神秘莫测的光环。非洲，非洲，那是一片令人神往的土地。

可是(可怕的可是)，当你随着金惠子女士的笔一步步走过图尔卡纳，走过塞拉利昂，走过索马里，你的心便会一点点地往下沉，像灌了铅似的压得你喘不过气。

据说非洲流传着这么一句话：“If You want long life, never touch the diamond! ”(如果想长寿，千万别碰钻石。)在和平地区，钻石是身份和地位的象征，它的美丽为无数女人所梦寐。当看完本书“血染的钻石”一章，你会明白，晶莹剔透、价格昂贵，甚至被视为爱情象征的钻石实际上却是罪恶铸就而成的。上帝给予这些地区丰富的钻石矿，这本来是当地的福祉，然而，钻石非但没有带给人们幸运和安宁，反倒招来致命的灾难。“从那以后，我渐渐感觉钻石其实是无比悲伤的宝石，因此我再也不喜欢佩戴钻石首饰了”。金惠子女士以悲天悯人的情怀控诉着钻石的罪恶，她不要美丽，不讲虚荣，只愿当地的人们不再受苦受难。

作者是一位美丽的女性，她对美有着天生的敏感。书中屡屡提及那些身着褴褛衣裳的非洲穷困女子，她们五官清秀端正，身材也像经过精心雕琢的雕像，脸色呈淡咖啡色，个个都是楚楚动人的美女。如果说“悲剧就是把美好的事物毁灭给人看”，那么她们的故事真是惹人无限感伤。然而，她们却依旧喜欢笑，对自己的孩子也一样不缺少母爱的情怀，即使在万恶的条件卜。

金惠子女士是一位优秀的演员，她塑造过很多让人喜爱的人物形象。这本书的文笔也一如她的为人，温婉、细腻、真诚。书中没有华丽的辞藻，没有故作玄虚的情节，有的只是作者无休止的眼泪和动人的叙说。“上帝啊，你为什么创造了非洲却又对之弃之不顾？！”她的呼吁响彻在非洲上空，也回荡在整个世界。

生命的本质究竟是什么？作者在带我们探寻。是追求金钱和权位？还是送给贫穷的人们食物、拥抱需要抚慰的孩子、给干涸的土地带去甘霖？每个人都会有自己的答案吧。奥黛丽·赫本不只是因为银幕上小鹿般的美丽才铭刻在人们心中；“持灯女士”南丁格尔家境优越，却选择了当时被视为低等的护理业并为之付出终身。她们有一个共同的特征，那就是关爱他人。

爱在付出之前不能算是爱。无关他人的幸福不叫幸福。阅完此书，我们也不能让自己仅仅停留在感动的层面上。

向金惠子女士和如金惠子女士一样的人致敬。

是为序。

北广移动传媒有限公司副总裁

2007年11月　北京

目 录

第二章　哀鸣的亚洲

——上帝，你为什么让我来到人间

第三章　天使在人间

第一章
泣血的非洲
——别打，哪怕是用花

“如果我是雨，我要去没有水的地方。
我还要对那里的人说：‘我来了。’
我要在他们伸过来的碗里盛满水。”
这是印度少女苏密特拉写的文章。
地球上总共有60亿人口，
其中有12亿人口每天的收入不足1美元。
他们大部分都是旱灾、战争和贫困的受害者。
其中还有1.5亿名儿童只能在大街上
睡觉、吃饭、劳动、玩耍、做梦。

如果我是雨，
我也要和苏密特拉一起，去往没有水的地方。
如果我是衣，我要最先走向衣衫褴褛的孩子。
如果我是食，我要最先走向饥肠辘辘的孩子。

——金惠子（摘自为饥饿儿童募捐的演说）

风的女儿，爱谷阿姆

爱谷阿姆的意思是“风”。我所认识的爱谷阿姆，是一个生活在肯尼亚图尔卡纳的7岁女孩。每当她露出羞涩的微笑时，脸上就会出现酒窝，真是个可爱的女孩子。她独自在家里替挖金砂的妈妈照顾弟弟。弟弟好像不舒服，总是缠着姐姐哭闹。爱谷阿姆抱着弟弟，直到感觉累了，才放下休息一会儿。

我是在一个快要倒塌、用破布和草席围成的三角帐篷里遇见爱谷阿姆的。看见我，爱谷阿姆仿佛看见了亲人。她很爱笑，可是不知道为什么，她的笑容里似乎总含着悲伤。我问她：“你吃东西了吗？”女孩子摇了摇头，然后低声告诉我说，从前天到现在，她还什么东西都没吃过呢。我一说起她弟弟生病的事，爱谷阿姆的眼睛立刻就湿润了。这个漂亮的女孩子哭了。“风的女儿”爱谷阿姆啊……

我不能离开爱谷阿姆。天快要黑了，她的妈妈空手而归。爱谷阿姆的妈妈挖金砂，每天只能赚5到10个先令。5先令在肯尼亚只够买一杯水。她的爸爸早在两年前就因病去世了。妈妈一边给哭哭啼啼的孩子喂奶，一边眼泪汪汪地哼唱着类似摇篮曲的歌谣。今天，爱谷阿姆依然没能吃东西就睡觉了。她好像要尽量缓解肚子里的饥饿感，使劲蜷缩着身子。

在这里，到了晚上真的无事可做。没有电，也没有点灯用的石油，真是片让人感觉无比寂寞的土地。借着月光和星光，只能隐约看见人的影子。我坐在帐篷外面的石头上，怜爱地看着睡梦中的爱谷阿姆，盼望

只要 100 韩元（相当于人民币 0.8 元——译注），就能让孩子们吃饱，就能让他们笑得如此灿烂。

明天一早就有食物运来，否则，不知道又有多少孩子可怜巴巴地饿死……

我想把爱谷阿姆带回首尔，把她洗得干干净净，让她吃得饱饱的，给她穿上漂亮的衣服，然后牵着她的小手到处走走。我该怎么做才能让她幸福呢？如果我把她带回首尔，她会幸福地过十来天吧。可是一旦想到家乡的妈妈和弟弟，她就会感到不幸福了。我的心好痛，痛得难以忍受。爱谷阿姆啊，你为什么要出生在这样的地方？为什么偏偏是非洲？

德国著名文学家赫尔曼·黑塞曾经写过这样的诗句：

人生的义务，
并无其他。
仅有的义务就是幸福。
我们都是为幸福而来。

黑塞是因为不认识爱谷阿姆才写出这样的诗吧。我多么希望这些都是电视剧，甚至不是连续剧，最好是短剧，只有一集就结束了。

我坐在爱谷阿姆家的门口时，看见一群斑马走过远处空旷的田野。这是我来非洲之后第一次见到野生动物。说起非洲，人们首先想到的就是野生动物吧。电视也经常播放草原上的野生动物世界，仿佛非洲没有人类，也仿佛数十万人死于残酷的战争和饥饿的事情根本不存在。

这个世界为什么只顾着保护狮子、斑马和长颈鹿，却任由这些无辜的孩子活生生地饿死？当然，孩子们也不是没有得到任何关心。只是我一直都无法理解，为什么300只黑猩猩死了，报纸和电视会连篇累牍地大肆报道，然而每天都有数百名孩子饿死，这个奇怪的世界却在保持着沉默。

难道非洲真是被上帝遗忘的土地吗？

因为连续3年的干旱，仅仅在爱谷阿姆居住的图尔卡纳地区，就出现了30万名完全依赖于其他国家赠送的救济品生活的难民。虽然首都内罗

这个世界为什么只顾着保护狮子、斑马和长颈鹿，却对每天都有数百名孩子饿死一事保持沉默？

毕是个旅游城市，游客很多，也有很多雄伟的建筑，但因干旱而无法种田的农民涌进了首都，使得内罗毕拥挤不堪。

城市的街头挤满了无所事事的青少年，失业的贫民也随处可见。犯罪活动猛增和居高不下的失业率，使得城市的每个角落都是为了缓解饥饿而啃骨头和奋不顾身地拦在汽车前纠缠着给人擦车的孩子们。所有这些导致了内罗毕的拥挤。

从内罗毕到图尔卡纳的道路上尘土飞扬，到处都是没有人烟的荒芜大地。大地干涸，暴露出惊人的裂缝，这条道路的尽头就是图尔卡纳。这里居然居住着很多人。

这里与赤道只有一墙之隔，是人类很难生存的沙漠地带。居住在这里的人们是最后的游牧民族。我们刚刚下车，就有许多连睫毛都蒙了灰尘的孩子赤裸裸地朝我们跑来。他们每天就靠救济品活命。

10月是当地的雨季，然而丝毫没有下雨的迹象。孩子们在已经干涸的河床上挖掘金砂。他们怎么知道这里有砂金呢？他们一天到晚把土放在筛子里摇个不停，弄得全身上下，甚至连睫毛都蒙了厚厚的灰尘，就

在非洲，水桶已经成了人们身体不可分割的组成部分。你经常可以看见头顶水桶，走过30公里漫漫长路的孩子们。如果我是水，我要到没有水的地方。

像才从面粉堆里出来的一样。

只有那些五六岁的孩子因为太小了，不能去淘金砂，所以每个人手里提着相当于半个身子高的水桶，到三四十公里之外的地方挑水，然后顶回来。这些可怜的孩子们啊！在这里，孩子也不再是孩子，而是为了生存需要付出艰辛劳动的劳工。

当地的女人们看到我就唱起歌来。那些歌既像非洲人民在集体呐喊，又像在哭泣。有首歌的内容是这样的：

你认为这里适合人类生存吗？你知道这是什么地方吗？我们好饿，请给我们点儿吃的吧。

她们反反复复地唱着这首歌，令人心生歉疚。这样唱下去，肚子只会更饿。女人们的衣服就像我们在洗澡之后围在胸前的大浴巾。她们的脖子上缠了一圈又一圈用彩珠做的项链，耳朵上戴着6个耳环。连吃的都没有，这些珠子又从哪里来呢？我知道非洲人喜欢在身上挂些装饰品，然而像这里的女人戴的项链多得连脖子都看不见了还真不多见。这些珠子到底是从哪里弄来的呢？为什么这么热的天还要把脖子缠得那么紧？真是不可思议！可是，在她们唱歌唱得那么悲怆的情景下，反而让我觉得注意她们脖子上的项链是件奇怪的事情了。

包括韩国在内，很多国家都给这里送来了粮食，但是与难民数量相比，这仍只是杯水车薪。刚才我们下车的时候，一群孩子朝我们跑来，其中有个女孩个子很高，前胸丰满，却赤身裸体。她的乳房暴露在外面，却还是嘿嘿地笑个不停。我本能地用双手遮住那个女孩子的胸部。听说她的脑子有点儿问题。在这种地方，只有脑子有问题的孩子才能笑得出来。

他们是游牧民族，以放牧牛羊为生，然而现在草都枯死了。没有了草，动物几乎都饿死了。一个躺在路边用帽子遮脸的年轻人对我说道：

“牛羊都死了，清早起床也没什么事情可做。”

我们一下车，那些灰头土脸的孩子们就赤裸裸地跑了过来。尽管他们只能依靠救济物资生活，但是天真的眼睛里依然充满着希望。

USA

清早起床就没什么事情可做，这真是令人茫然而可悲的事。他们从粮食仓库里得到的救济品都是杂谷等农产品，这对以肉类和牛奶为主食的他们来说很不习惯，所以吃了以后会拉肚子。但是很多时候他们连这些东西都吃不到，只能活活饿死。

我走进一座帐篷，看见一位母亲和她相依为命的3个孩子。女人的丈夫一年前去世了。他们居住的地方很难称作“家”，那只是用破布和杂草编织而成的地方，地面是坚硬的土地。这3个孩子有两个差不多大，另一个还在吃奶，也许是在孩子的爸爸死前不久才怀上的吧。

两天都没东西吃的妈妈已经没有乳汁了，婴儿只能用力吸着妈妈的乳头。这位妈妈以卖炭为生，但最近却卖不出去。大家的日子都很艰难，谁有钱买炭呢？再说这里又没有一个过路的人。

救济的粮食仅仅能够维持他们的生命，让他们不至于饿死。既然没有了牲畜，游牧民的生活也就变得毫无意义了。

第二天，粮食配送车总算到了，爱谷阿姆可以避免死亡的命运了。难道孩子们只能这样生活下去吗？要知道掉在地上的100韩元(相当于人民币0.8元——译注)硬币就可以让她吃上一顿饱饭呢。

此时此刻，地球上仍然每4秒钟就有1个孩子死于战争或饥饿；每天都有3.5万个孩子不是饿死，就是成为战争的牺牲品；此外，还有2亿5000个孩子是忍受着繁重劳动的童工。这些孩子的痛苦还要持续到什么时候呢？

悲情大陆

因海明威的小说《乞力马扎罗的雪》而闻名于世的乞力马扎罗山巍然屹立在肯尼亚。在肯尼亚境内有很多部族，他们有着非洲黑人特有的肤色，独特的服装穿着，然而他们却毫无例外地承受着疾病和饥饿的痛苦。特别是那些生活在偏僻地区的部族，要么活活饿死在没有任何食物的龟裂原野，要么变成野兽们的美餐。往往一天就会有几个孩子饿死，父母们只能抱着死去的孩子哭泣。他们认为，死亡非人力可以阻挡，是命中注定的。

关于“肯尼亚”这个国名的来源，历来存在着好几种说法，然而最有说服力的说法是来源于表示“鸵鸟山”的Kenya(肯尼亚)。这座山的山顶堆积的皑皑白雪和黑色的岩石形成鲜明的对照，看上去就像鸵鸟的头。

上帝创造的美丽的鸵鸟山俯视着这个国家，然而今天的肯尼亚，却饱受艾滋病的肆意蹂躏，几乎变成了寸草不生的荒芜之地。这场悲剧的根源是当地非人的陋习。该陋习不仅严重摧残了女性的人权，而且也成为传播艾滋病毒的主犯。根据当地的传统，凡是失去丈夫的妇女和父母过世的未婚女孩都会被认为是不圣洁的。她们要想再婚或参加死者的葬礼，就必须跟村中被称作“恶魔清洁工”的男子发生关系。这真是个不可思议的习俗!

距离肯尼亚首都内罗毕大约9小时车程的西北地区有个小村庄，这里生活着一个名叫安卡卡的男子。平常他无所事事，嘴里总是有股苦涩的酒味，肮脏的衣服上、下巴颏的胡子上总是粘着吃剩的食物残渣，一看

等待粮食到达的时候，坐在地上穿项链有助于克服饥饿吗？刹那间，我为非洲人的审美观悲伤起来。

就知道是个游手好闲的二流子。

但是，根据这个村庄的陋习，安卡卡却有着世界上独一无二的职业。他的职业就是陪着丧夫的妻子和失去父母的少女睡觉，并且可以得到报酬。他就是所谓的“恶魔清洁工”。村子里的人们认为，如果丈夫死了，那么他的灵魂就会附在自己的妻子身上，而要驱赶死者的幽魂，就必须令死者的遗孀与别的男人发生关系。

如果死者的遗孀不接受“恶魔清洁”，则不允许她参加丈夫的葬礼。父母死后，未出嫁的女儿若想继承遗产，也必须与“恶魔清洁工”睡觉，如果反抗就会遭到鞭笞，或者被剥夺财产继承权。因为村子里的长老认为，如果不进行“恶魔清洁”，村庄就会遭到诅咒，庄稼也不会丰收。

这样的陋习不仅存在于肯尼亚，也存在于尼日利亚、乌干达、塞内加尔、加纳、安哥拉、刚果、坦桑尼亚、科特迪瓦等国家。这个至今仍在非洲国家延续着的陋习，最终成了传播艾滋病的重要原因，是由于“恶魔清洁工”几乎从不接受艾滋病检查，他们认为与女人发生性关系是某种神圣的仪式，因此从不使用安全套。

非洲大陆正在承受着艾滋病的折磨，这好像早已不再是什么新闻了。人们听得太多太多了，神经早已麻木了。然而对于那些承受痛苦的当事人来说，这绝对不是麻木的故事。《华盛顿邮报》曾经刊登过一对兄妹的故事，他们是13岁的哥哥乌曼迪和11岁的妹妹莫莉。报道中称：

乌曼迪和莫莉兄妹生活在肯尼亚的贫民村庄伊斯特康干。过去3个月的时间里，他们的父母相继死于艾滋病。根据当地的传统，这对兄妹还没来得及埋葬母亲之前，亲戚、邻居，甚至乞丐就已蜂拥而至，拿父母的遗产举行了盛大的葬礼。父亲早就考虑到这样的情况，于是留下遗言嘱咐不要举行葬礼。然而饥饿的吊唁客还是吃光了所有的遗产，只留给年幼的兄妹一袋花生。

伯父甚至拿走了床垫子，因为在肯尼亚，死者的兄弟有权利继承遗产。虽然早在1981年，肯尼亚政府就立法规定，遗产只能由其子女继承，可是在这个每天的平均生活费只有20肯尼亚先令的村子里没人知道这条法令。姨妈已经抚养了5个因艾滋病而成为孤儿的外甥，这次又带走了莫莉那手脚麻利的二哥，就再也没有了联系。

埋葬了父母之后，莫莉兄妹就以骨瘦如柴的双手采食青草，艰难度日。他们10个月的时间里没有洗过一次澡，每天必须赤脚走上45分钟赶到学校，才能勉强得到一穗玉米。全校共有学生400余人，其中100多人都是艾滋孤儿。早在几年之前，学校财政已经捉襟见肘了。

最近这段时间，莫莉表现出了自闭的症状。许久以前，哥哥乌曼迪在尘土飞扬的家中，在孤零零的柱子上，用手指甲刻下了这样的字迹：

“神在哪里？天堂在哪里？”

据联合国的报告称，肯尼亚、安哥拉等撒哈拉以南地区共有1600万名像乌曼迪兄妹这样的艾滋孤儿。联合国儿童基金会（UNICEF）的负责人说：

“这对兄妹没有落入儿童卖淫等犯罪团伙手中，没有像父母那样死于艾滋病，已经算是幸运了。”

1963年，肯尼亚摆脱了持续近百年的英国殖民统治。然而在这之后，肯尼亚政府仍然同意英国在肯尼亚驻军。直到现在，仍然有大量肯尼亚女性不断遭到英军的集体玷污。

“英军似乎把强奸当作业余休闲活动了。”

这句话是肯尼亚妇女对40年来持续遭到英军强奸的指控。英军训练基地位于肯尼亚东部伊西奥洛地区。该地的马赛族女性悲痛地哭诉，英国政府明明知道本国军人的禽兽行径，却又有组织地加以遮掩。从1999年11月到2000年3月的4个月时间里，仅仅是得到公开的强奸事件在莱克基附近就有27起。

最近，BBC电台和英国《卫报》等媒体相继报道了这种犯罪行为。在律师的帮助下，受害女性正在要求澄清真相和得到相应的补偿。目前已经有650多名女性参与了诉讼。

部分英国人怀疑肯尼亚女性是为了得到补偿金而故意说谎。不过，已经有几百人拿到了医院的诊断书。而且在以男性为中心的肯尼亚社会，女性被强奸的事实一旦曝光，就会遭到家人甚至整个部族的冷落。可见受害者所承受的痛苦有多么深重了。尽管如此，英国国防部长却厚颜无耻地推卸责任："宪兵队正在对几件类似事件进行调查。除此之外，我无可奉告。"

国际特赦组织(又名大赦国际——译注)秘书长卡恩曾经指出，在过去的40年里，受害女性和因暴行而生的孩子们长期遭受着邻居们的指责、歧视和排斥。他还指出，正是由于英军的蛮横无理，使得大量的强奸事件难以得到调查和处理。

现在，为了消除践踏妇女人权的"恶魔清洁"恶习，肯尼亚的妇女组织正在展开不懈的斗争，12名肯尼亚妇女代表惨遭英国军人强奸的受害者向英国最高委员会提交了请愿书。同时，肯尼亚总统宣布艾滋病为国家级灾难。在艾滋病疯狂蔓延的非洲国家中，只有肯尼亚率先宣布艾滋病为国家级灾难。为了避免国家走向灭亡，肯尼亚总统莫伊迅速设立了领导全国范围内的艾滋病预防工作的机构，并下令在全国的所有大、中、小学开设艾滋病防治教育。

最近，在肯尼亚西部中等城市埃多，数千名妇女发起了"穿裤子"示威游行。普普通通的裤子之所以成为示威对象，是因为该城接连发生了穿裤子的女性遭受暴力侵犯的恶劣事件。有的女性甚至在大庭广众之下就被剥光了衣服，侮辱之甚，无以复加。

更令人愤慨的是，以殴打妇女罪名被捕的23名嫌疑犯竟被无罪释放，没有受到任何惩罚。于是，妇女们的愤怒爆发了。这些妇女主张将穿裤子运动当作反抗践踏女性人权的象征。

这些细微的变化是"鸵鸟山"吹来的希望，柔嫩的绿芽宣告了乞力马扎罗的春天即将到来。肯尼亚这只沉睡的雪豹就要醒过来了。

不久前，在肯尼亚首都内罗毕西面100公里远的伊努塞村，村民们听说美国发生了可怕的恐怖事件，为了安慰遭到“9·11”恐怖袭击的美国人，于是将他们视为珍品的14头牛作为慰问品送往美国。

当地人没有获取外界消息的途径，是有个马赛族青年留学于美国的斯坦福医科大学，回国的时候带回了这个消息。起先，人们还觉得这件事情荒诞不经，然而当他们听说共有3000多名美国人无端死于这次恐怖事件之后，同情之心油然而生，把美国人经受的痛苦当成自己的苦难。最后，村子里的长老决定赠送美国14头受过祝福的牛作为慰问品。牛是马赛族最珍贵的三件事物之一，另外两件是孩子和土地。

马赛族人在“9·11”恐怖事件夺走了3000多名美国人宝贵的生命时送去了最珍贵的礼物，但是在肯尼亚，艾滋病已经夺走了78万个生命，现在依然有190万人在无可奈何地等待死亡。我们又该送给他们什么呢？还是事不关己，高高挂起，对于他们的痛苦熟视无睹呢？他们都能安慰沉浸在痛苦之中的美国人，难道我们就不能对他们的痛苦感同身受吗？

我非常喜欢伊朗电影导演阿巴斯·基亚罗斯塔米，他曾经执导了著名影片《何处是我朋友家》。他的电影作品里总是充满了祥和温暖的人间真爱，很能打动人心。有一天，基亚罗斯塔米收到联合国农业发展基金会(IFAD)的传真，邀请他为数百万非洲孤儿拍摄一部电影。长期以来，基亚罗斯塔米一直都在为少年儿童创作电影。这次为了收集影像资料，他只拿着微型DV摄像机就踏上了非洲之旅。所有的尝试都变成了电影，这些感人至深的影像资料真实地记录下了他的这次非洲之旅，以及当地那些为生存而斗争的人们。

在非洲的10天旅行之中，基亚罗斯塔米走访了当地的医院、学校和乡村孤儿院，拍下了因艾滋病和内战而失去父母的孤儿们的眼泪、微笑、悲剧和痛苦的生活。访问乌干达期间，基亚罗斯塔米获悉这个人口仅为2200万的国家，有200万人死于艾滋病，还有160万名孤儿，然而这里的人们仍然对生活充满信心。尽管有饥饿、疾病和贫穷，孩子们却仍然在镜头前唱歌、跳舞和做游戏。

对于来自阿拉伯国家的基亚罗斯塔米而言，非洲是个陌生的地方。他很坦率地承认自己对非洲所知甚少，所以能够客观地记录当地人的生活，做一个公正的见证人。他的摄像机里不仅有痛苦的现实，还有眼泪和悲伤、音乐和歌谣、生命和死亡、饥饿和疾病，以及因为营养不良而痛苦不堪的孩子们的悲惨生活，更有某妇女组织为了帮助他们而付出的艰辛努力，真可谓感人肺腑，催人泪下。除此之外，在他的这部电影里还充满了希望、笑容，还有在大街小巷和学校操场上伴随音乐节奏跳舞的孩子们。

画面上，孩子们的脸庞天真活泼，看见摄像机，好像遇到了玩具，愉快地追逐，这样的情景和全世界的孩子一样。这就是阿巴斯·基亚罗斯塔米的电影《非洲ABC》展示给我们的希望。这里虽然因残酷的内战和疾病夺走了无数宝贵的生命，但是他们依然在期待幸福来临。即使身陷痛苦，孩子们依然在歌唱，歌唱生活的意志，歌唱对生命的敬畏。我相信，每个看过这部电影的人都愿意帮助这些孩子们。看到他们尽管遭受过痛苦和悲伤，可是仍然无怨无悔地生活，你怎能不由衷地生出敬意呢？

活着的理由

曾经有一个女人，看见人世间因战争和贫穷而遭受痛苦的人们，她向神抗议：

“您怎么不为这些人做点儿什么呢？”

神这样说道：

“我不是派你去了吗？”

偶尔我也会想，我的人生为什么过得这么慢。只有被电视剧本深深吸引、迷上我所扮演的角色的时候，我的脑海里才不会浮现出这样的想法。我已经走过了将近40年的演艺生涯。这些年来，我为之倾心的电影、话剧和电视剧并不很多，剩余的时间大部分都是想“快进”过去的“慢动作”。

如果说现在的生活就是短暂的旅行，那我好像选错了旅行地。著名诗人千祥炳(1930—1993，韩国著名诗人，著有诗集《我要回到天堂》、《无所谓无所谓，什么都无所谓》等——译注)曾经写过这样的诗句：“在这美好的人间一游之后，我要回到天堂，要去那里讲述人间的美好。”而我要说的却是：“我的生活很乏味，尽管有时候，一些微不足道的事物让我感到幸福……”

人生真的很奇怪。很多人都认为我是出色的演员，是韩国女人和母亲的模范，是生活在人们的关爱和华丽的闪光灯下的幸福女人。是啊，我很幸福，如果我心灵深处的某个角落里没有那无休无止的虚无感；我很幸福，如果我不是无休无止地追问我是谁，我为什么来到这里！

好像人人皆是如此，别人眼中的我，和我自己认为的我，总是存在着差别。不知道从什么时候起，我感悟到了自己活着的理由。感谢神引领我这个曾经不知生之为何，更没有人生计划的人来到这个地方，循序渐进地启发我找到活着的理由，并且赐给我很多，我心存感激。

为了去看望人世间身陷痛苦的孩子们，每年我都要花费数十个小时乘坐飞机。有时为了等候下一个航班，我在机场里蜷缩着身子睡觉，然后坐长途汽车一路颠簸跋涉于漫长的泥土路。有时甚至要坐搭乘6人的直升机，像是在表演特技般的蜿蜒穿越茫茫的沙漠。

乘坐小型汽车，我经过了各种各样的地方，干涸的河床附近密密麻麻地堆积着动物的尸骨；由于战争刚刚结束，墙壁和电线杆上布满了枪眼。我心想，为什么要开这么多枪呢？这么多子弹，就连地上爬的蚂蚁都会被斩尽杀绝呢，更何况是这里的孩子！想到这里，我的眼前浮现出惊恐的孩子睁大眼睛的模样，就像悲剧的一幕。

战争最大的受害者是孩子和妇女。因干旱和地震而死的孩子不计其数。埋在泥堆里，只露出手脚的孩子尸体随处可见。由于连年干旱，食物匮乏，孩子只能吮吸着妈妈干瘪得像泄了气的乳房。到处都是饿得手脚无力，正在等死的孩子……

炎热的太阳烤得路面滚烫，苍蝇在挖食人的眼屎。我在这里亲眼目睹了那些悲伤的母亲，因担心嫁女置不起陪送的嫁妆，所以把才生下来3天的女儿活活杀死。我在这里看见了那些可怜的大眼睛的少女，因为父亲背负着50美元的债务，她们不得不像奴隶一样，一整天都用椰子壳搓绳子，卷烟叶。我还看到那些原本天真烂漫的孩子们，因为没有任何食物，只好采食长在石头山上类似菠菜的青草，结果嘴唇和脸颊都变成了绿色。尽管如此，他们的手里仍然紧紧地抓着青草。我还看见一个年仅4岁的孩子背着麻袋，跟在爸爸的身后挖野菜，由于天寒地冻，他不得不使劲蜷起了脚趾……

关于人生的意义，我知之甚少，更不知道自己为什么而活。我，金惠子，承受着人们的关心和喜爱，生活得很好，可为什么在地球的某个地方，孩子们连仅仅800韩元(相当于人民币6.4元——译注)的抗生素都买不起，以致无可奈何地变成了盲人。爸爸因为疟疾卧病在床，初生的婴儿趴在爸爸的肚子上活活地饿死。为什么？这是为什么？我真的不知道是不是我头脑愚钝而难以理解如此不可思议的不平等，可是我那么深信不疑的上帝为什么对此沉默不语？

如果告别这片令人毛骨悚然的悲情大陆，逃脱这个让我在情不自禁中涕泪交流的痛苦人间，孑然回到韩国，这里又将重新归于平静，仿佛什么也没有发生。很多时候，你会觉得那里仿佛不是地球上的国度，而完全是另一个截然不同的世界。在酒店餐厅，我们考虑怎样才能优雅地往碟子里盛放食物，怎样才能吃得津津有味；为了防止肥胖，我们还要去游泳。好像天下太平，什么事情也没有发生。一天晚上，夜深人静的时候看电视，我正从容地在三十几个频道中转换时，突然之间，某个频道里出现了红彤彤的非洲大地，睁着大而空洞的双眼的孩子们仿佛透过电视画面在对我说：

"您为什么不来看我们了？您是不是忘记我们了？我们还在这里啊，我们还在等待死亡，难道您已经忘记了吗？"

是的，有时我真想忘记这些事情。看着那些因贫穷和饥饿而死的孩子们，看着他们不知道自己为什么非死不可，虽有意志却决定不了自己的命运，我就不能不深深地怀疑神的存在。可我也只能摇头叹息："如果上帝真的有爱，为什么不去阻止这些事情的发生呢？"

遥望着非洲大陆破旧不堪的道路，我提出了这个问题。当时有位牧师这样对我说：

"这都是上帝的旨意。他的旨意我们人类无从理解。"

听了他的话，我在心里想道：牧师，我真羡慕你可以把问题看得这么简单。

每次去非洲，我都会被告知的注意事项是不要拥抱孩子，应该尽量避免跟孩子接触，因为病菌很有可能转移，如果摸了这些孩子，也应该赶快洗手。可是我喜欢拥抱这些孩子。每当我拥抱着这些瘦骨嶙峋的孩子们时，总是感到既悲伤又幸福。

2003年3月26日下午1点，我再次乘飞机启程。这次的行程是先取道新加坡，然后到印度钦奈附近考察儿童劳动现状，最后乘坐只有周一和周四两班的飞机从比利时的布鲁塞尔出发，飞往西非国家塞拉利昂的首都弗里敦。塞拉利昂是世界174个国家中最为贫穷的国家，惟一的资源就是钻石矿。我们此行的目的就是看望那些在钻石矿里充当劳动力的儿童。

出发之前，有人提醒我应该注射黄热病疫苗。这让我真真切切地感觉到，从最初看望这些孩子到现在已经过去了整整10年。黄热病是寄生在猴子、老鼠等动物身上的恶性病毒，通过蚊子传播给人类，引起高烧、腰痛、眩晕、虚弱、呕吐等症状。

10年前我去埃塞俄比亚的时候曾经注射过黄热病疫苗，听说药效能够维持10年，还得到了证明我已经接受注射的黄色卡片。现在，我得重新接受注射疫苗，带着黄卡片和治疗疟疾的药物才能登上飞机。

从首尔到印度孟买需要8个小时，从孟买到比利时需要9个小时，然后从比利时到塞拉利昂又需要9个小时，这真是漫长的旅程。我刚刚在飞机上坐稳，就像收拢羽翼的鸟儿，蜷缩着进入了梦乡。当我睁开眼睛时，发现自己已经重新踏上了久别的非洲大地。

请不要责打孩子们，哪怕是用鲜花

“塞拉”的意思是山峰，“利昂”的意思是狮子。15世纪，最早踏足这片土地的葡萄牙人，听见海边高山传来的雷声就像狮子的吼叫声，于是将其命名为“狮子山”。塞拉利昂由此得名。

我一走出飞机，汹涌的热浪便扑面而来，我想，这跟走在烈日下铁皮屋上的猫的感觉差不多吧。当时正是旱季的高峰，空气中好像没有丝毫的水分，我只觉得口干舌燥。由于我是取道印度而来，早已干燥的皮肤中就连最后的水分也立刻蒸发了。在这闷热的天气里，我的脸上再也看不出著名演员的架势了。

除掉换乘时间，整整24个小时我都是在飞机里吃饭、睡觉，吃饭、睡觉，如此反复。这让我想起非洲的某个部族，女人只有肥胖才能称其为美女，所以会把女孩连续几天关在笼子里，饱饱地吃上几天，变得肥胖之后才能成为王妃。我感觉自己真的变成了飞翔在天空的猪，吃饱喝足就睡觉，最后终于到达了这个有着美丽名字的国家的首都弗里敦。

强烈的阳光如针般刺眼，我抬手遮住脸，走下了飞机舷梯。身穿洁白礼服、头裹白围巾的黑人少女早已等候在下面，这时恭恭敬敬地递来了花。天气如此炎热，即使脱了衣服都不舒服，然而为了迎接我的到来，这位少女却穿着厚厚的礼服，从头顶武装到了脚底。看起来她的衣服密不透风。而且，飞机延误了两个小时，女孩也只能穿着厚衣服，手里捧着花，默默地等待。由于天气太热了，花已经枯萎了。

前来迎接我们的塞拉利昂世界展望会的职员安告诉我说，当地族长亲自挑选了鲜花，并且选拔尚未来过月经初潮的纯洁少女献花，这是最高的礼节了。安是马赛族出身的黑人妇女，脸型酷似英格丽·褒曼，神采飞扬而且很有品位。

少女就像向女王献礼一样，沉默而恭敬地递来了鲜花。当我接过花时，不禁为自己因两天的连续飞行造成的疲惫不堪、无精打采的样子深感愧疚。但是，还有一次飞行在等着我。要想从机场到达宿营地，必须渡过凹陷进陆地的大海。由于没有架设桥梁，而乘车绕行需要5个小时，所以我们决定乘坐乡村巴士似的直升机。为了搭乘直升机，我们必须顶着烈日，花两个小时办理手续。等到登上直升机，却只用10分钟便赶到了目的地。坦率地说，如果超过10分钟，恐怕我不是闷死在飞机上，就是从飞机上跳下去了。要知道，没有空调的直升机就像是一个放在火上要炸开的高压锅。

下机之后，我们还要乘坐吉普经过崎岖不平的泥土路，才能到达宿营地。这个国家除了童工问题，还有10年内战留下的后遗症。当时，交战各方厮杀得你死我活，难解难分，直到两年前联合国介入才停火。长期的内战摧毁了所有的建筑，人性也遭到了严重的摧残。这就是塞拉利昂的悲哀。

很多非洲国家都因内战和部族战争，遭到难以估量的破坏，这早已是众所周知的事实了。使原本已经贫穷不堪的国家更加衰退的原因虽然有很多说法，但是我的理解却很简单：当欧洲列强向美洲和亚洲等地伸出殖民魔爪的时候，非洲也未能幸免于难。英国、法国、比利时、葡萄牙等国争相寻求自己的利益，纷纷把魔爪伸向非洲大陆。他们不仅侵占土地，而且强迫当地居民学习英语、法语等完全陌生的语言。

第二次世界大战结束之后，这种情况变得更加严重了。虽然殖民地国家的人民奋起反抗，争取独立，但是欧洲列强依然我行我素，根据各自划定的界限促成了非洲国家的独立，根本不管生活在国界线以内的黑人在文化和历史上属于完全不同的部族。在欧洲人的眼里，凡是黑皮肤的都是同样的黑人。而实际上，他们当中有些却是长期敌对的，因此，随随便便将这些部族硬划为同一个国家，结果导致了部族领袖之间为争权夺利而进行的斗争也就永无休止了。当然，战争最大的受害者却是那些平凡而贫穷的无辜百姓，他们究竟何罪之有？

塞拉利昂惟一的资源就是钻石矿。当然，矿山的所有者大部分都是发达国家的人。凡是有利益的地方，总是避免不了战争。塞拉利昂从英国殖民者手中解放不久，政治渐渐腐败，很快就爆发了军事政变。随后，因军事政变蒙受损失的势力又带动另外的人们发动战争。结果就这样争战不休。这场内战已持续了10年，到后来，人们都不知道是为什么打仗，又是为谁打仗了。在这个面积仅有朝鲜半岛1/3的国家，10年以来最大的任务就只有战争。

直到两年以前，战争才宣告终止，尽管也选举了总统和副总统，然而面对千疮百孔的国家，谁都束手无策，无能为力。最可怜的还是妇女和孩子们。到达塞拉利昂的第二天，我拜访了副总统。在他的办公室里，对于我这样的著名演员亲自造访塞拉利昂，他反复表示感谢，并且解释说总统恰好到外国访问了，由他代为接见我。谈到如何使国家摆脱当前的困境，他显得很茫然，于是请求我的帮助。塞拉利昂国家电视台拍摄了我们交谈的场面。我想，身为一国的副总统，如果不是山穷水尽，他怎么会想到向我这个手无缚鸡之力的女人请求帮助呢。

副总统说，现在全世界的目光都集中于伊拉克战争，没有人关心塞拉利昂了。即使是打仗，也要选择发达的富国，这样才能引起人们的关注。他还说，塞拉利昂的未来就靠那些儿童，所以他再三请求我帮助他们。我感觉他很有品位，是个忧国忧民的国家领导人。

塞拉利昂是非洲大陆惟一没有干旱、土地肥沃的国家，只要有个能力强的领导人，完全有可能发展成为世界级的旅游胜地。首都弗里敦濒临辽阔的大西洋，高高的大树上盛开着像是黄色水仙花的花朵。无名的深红色花树沿着海滨大道依次排列，美丽绽放。海边的沙滩更是美不胜收……弗里敦(Freetown)的意思是“自由之城”。19世纪奴隶解放时期获得解放的奴隶太多，不便管理，于是他们就被分散到大西洋的这个地方，此处从而得名“弗里敦”。这些奴隶和当地的土著杂居，最后形成了今天的塞拉利昂。

拜访过副总统之后，我乘坐联合国派遣的直升机，用了大约1个小时到达了位于塞拉利昂东南部的柯奴地区。这里曾经是激战的中心，10年内战将这里变成了废墟。大部分居民都逃难去了国内其他地区，或者邻国利比里亚和几内亚，无可奈何地过起了难民生活。一走下直升机，我们就去了刚刚从几内亚返回的难民集中的地方。

在那里住着从外逃难回来的人和没逃出去此时等待跟家人团聚的人。早晨7点钟，工作人员开始为孩子们注射疟疾疫苗。我在10点钟到达，首先看见的就是肚子鼓鼓的孩子们伸出胳膊，相互炫耀着注射了疫苗。当时我想，既然没有吃的，那么肚子就应该瘪下去才对啊，可是他们为什么像孕妇似的挺着大肚子呢？直到今天，我也还是想不明白。也许正是因为肚子太饿了，他们常常做着吃饭的美梦，最后就鼓起了肚子？所有的孩子都胀肚，没有例外。他们或依或靠，或拉着妈妈的胳膊。偶尔有几个孩子在追逐嬉戏，或许他们每天还能吃上一顿饭。

因为这里下午3点钟发放粮食，所以秩序有些混乱。到处都是等得疲惫了躺在地上的人和吐着舌头号啕大哭的孩子，避难归来者的行李堆得满地都是，这里简直就是地狱。行李当中还有床头。这东西究竟有什么用啊？竟然带着它去逃难，然后又不厌其烦地带回来！我真的百思不得其解。在这样热得发狂的天气，竟然有人连床都没有，却还带着床头奔走。

这时候，我发现有个3岁左右的男孩子眼巴巴地注视着我，他好像有很多话要对我说。这个孩子的肚子也是鼓鼓的。当我拿相机拍他时，他赶紧低下头，等到镜头闪过的时候，他又重新望着我，用一种不知是他

这些孩子也有自己的名字，他们不是无名的存在。这些孩子也有自己的尊严，他们不是没有尊严的存在。

的母语还是英语的语言对我说话。可我一点都听不懂，只能像个傻瓜似的站在那里，尴尬极了。他眼泪汪汪，好像在热切地盼望，又像是无声的控诉。此时此刻，我真像个傻瓜啊!

于是我就带他去了安静的角落，紧紧地拥抱着他。当他的目光和我的目光交会时，我听见他用蚊子似的声音说：“给我点吃的！”啊，幼小孩子恳切的眼神，令我永生难忘!

听了当地工作人员的介绍，我才知道这个孩子因为没有了父母，所以没能出去逃难，如今只能与哥哥相依为命。所谓的哥哥其实只是个年仅8岁的小孩。因听说今天分发粮食，他就跟着哥哥来了。他的哥哥不知道去了哪儿，这个3岁孩子饥饿难耐。我深深地拥抱着他，犹如刻在我身上的黑色的文身。他瞪着大眼睛望着我。也许他连央求的力气都没有了，他只是望着我，不再说话了。

尽管只给这个孩子食物不太妥当，然而我还是向工作人员要了一袋饼干，重新回到角落，偷偷地塞进了孩子身上那件又脏又破的运动衫里，然后告诉他拿回去跟哥哥一块儿吃。孩子睁大眼睛，表示他听懂了我的意思。

最初来非洲的时候，我每见到一个孩子就给钱或食物，然而随行的当地官员和我的同事们多次警告我不能这样做。据说几年之前，有个英国人因初来非洲的时候两手空空而满怀歉疚，于是第二次他就带来了整整一卡车的巧克力和糖果，结果却在他分发巧克力和糖果的时候，被争抢食物的孩子们踩死了。他们神情严肃地告诉我，绝对不要当着孩子们的面掏出食物，只有通过组织和团体分发才能确保秩序不会混乱。

那天晚上，我参加了当地族长主持的聚会。由于乡村会馆没有通电，黑色的脸孔被黑暗淹没了，我什么也看不见，只有雪白的牙齿在不停地求助。我告诉他们不要放弃一线希望，我会把这个国家的角角落落像照相似的装进心底，回去之后转告给我的同胞们。除此之外，我还能说些什么呢？我希望将来能有更多的人伸出援助之手。

沙子啊，请你们飞起来，堵住所有的枪口，堵住那些瞄准生命的枪口。

纷纷扰扰的思绪让我彻夜难眠。尽管酷热让我难以忍受，然而更痛的却是我的心啊。不能再有战争了！不管理由多么冠冕堂皇，都别再打仗了，因为不能让无辜的孩子再承受痛苦了。

现在，全世界的目光都集中于美国和伊拉克之间的战争。然而，战争不是解决问题的办法，只会造就另一个塞拉利昂，只会让更多的孩子嘴里嘟囔着“请给我点吃的吧！”只会让更多的孩子流浪街头，无家可归。“不要战争，不管什么理由都不要有战争。哪怕是鲜花，也别打在孩子身上！”我喃喃自语，终于进入了梦乡。

血染的钻石

钻石，原本是受神祝福的灵物，现在却成了塞拉利昂的灾难及战争的根源。塞拉利昂如今已经钻去山空了，然而孩子们依旧泡在矿山里，整天用箩筐盛起泥土，在低洼的水坑里晃来晃去，这样，钻石的精华就会聚集到中央。当然，矿主另有其人。孩子们也许是因为在洼积的水里持续劳作，全身上下都出现了米粒般的脓疮，好像岩石上面附着的藤壶(一种附着在海边岩石上的灰白色、有石灰质外壳的小动物。形状有点像马的牙齿，所以生活在海边的人们常叫它“马牙”——译注)。我感觉很难过，不忍心睁眼去看，就像我的身上也生出了脓疮。他们从事如此繁重的劳动，却只能一天吃一顿饭。即使是这样，他们也无可奈何。每座矿山的每个水坑前，孩子们就像成群结队的蝌蚪在缓缓蠕动。

1972年的情人节，塞拉利昂国营钻石矿山公司的分选工场，工作在正常进行。突然，一位技术人员和工场安全负责人看见桌子上有个什么东西。起先，他们谁也不敢相信自己的眼睛，于是，连忙冲向桌子仔细观察。桌子上鸡蛋大小的东西竟然是钻石。他们一称，这颗钻石竟然重达968.90克拉。这是世界第三大原矿石，也是沉积矿山中发现的最大的钻石。

当意识到这是多么重大的发现之后，工作人员便在严密的保护之下把钻石送到首都弗里敦。总统看见这颗巨大的钻石，将它命名为“塞拉利昂之星”。

塞拉利昂、安哥拉和刚果民主共和国，这三个非洲国家爆发血腥内战绝非偶然。这些国家都拥有非常丰富的钻石储藏量，于是叛军势力为了购买武器就大肆挖掘钻石。他们把卖钻石的钱用来买坦克、手枪和军服，甚至还有啤酒。

塞拉利昂的叛军组织名为冠冕堂皇的“革命同盟阵线”，实则臭名昭著，十恶不赦，凡是落到他们手中的俘虏无不被砍断手指、手臂，或者割下嘴唇和耳朵，甚至连三四岁的小孩子都不放过。这次内战是现代史上最残忍的事件，造成约20万人死亡，数万人四肢被砍，或蒙受严重的精神创伤。内战期间，强奸事件遍布全国，儿童也被迫参军。

10年前，内战爆发初期，叛军总共只有几百人。但是，自从叛军抢占了钻石矿后，其人数也大幅增加到了1.5万人。这是因为钻石交易不仅让购买武器变得可能，也大幅提高了他们的影响力。

塞拉利昂挖出的钻石，首先被转移到了邻国利比里亚，然后流进了欧洲的珠宝市场。另外，叛军革命势力生产的钻石很多都进了美国纽约的宝石商店，甚至也有一些流入了韩国。

刚果民主共和国之所以内战持续不断，也是因为他们的钻石储藏量让卢旺达和乌干达眼红的军队蜂拥而至。钻石也让安哥拉叛军UNITA（争取安哥拉彻底独立全国联盟）有足够的财力维持长达28年的内战。

钻石，全世界女性都渴望拥有的最美丽的宝石，却凝结着非洲人民的血和泪。到了非洲，我才认识到钻石是所有大屠杀的元凶。也是从那以后，我渐渐感觉钻石其实是无比悲伤的宝石，因此我再也不喜欢佩戴钻石首饰了。我认为谁都会这样，因为钻石沾染了非洲大陆妇女儿童的鲜血。

尽管合法的钻石交易会让非洲的贫穷国家蒙受惠泽，然而在战争至今没有结束的地区，钻石反而变成了致命的灾难。为了占领矿山地带，叛军不断发动战争，然后把落到他们手中的钻石迅速转换成大量的杀伤性武器。

拥有丰富的钻石矿，人民却饱受饥饿之苦。这无可奈何的地方就是

这个所有人都疯狂的地方，战争仍然没有结束。生存和战争摆在孩子们的面前。如果不帮助他们，我们何以为人？

非洲。

“血染的钻石”究竟给当地人民造成了多么深重的灾难，只有手脚被剁的塞拉利昂人民自己知道。叛军为了将居民驱赶出钻石矿山地区，不惜砍掉人们的手，制造了血淋淋的恐怖事件。邻国利比里亚也因此成了整个非洲地区与钻石有关的走私军火、贩卖毒品、洗黑钱等犯罪活动的中心。

我们送给爱人做礼物的钻石竟然如此昂贵，昂贵到要塞拉利昂、安哥拉、刚果的孩子们用手指和手去交换的地步，我们再也不能助纣为虐了。最近，英国、德国和荷兰的人权组织发出了这样的呼吁：

“你可知道，戴在你手指上的钻石沾满了在内战漩涡中呻吟的非洲人民的痛苦血泪？”

安哥拉虽然早在1975年就摆脱了葡萄牙人的殖民统治，并宣告独立，但此后一直内战不息。在1992年至1997年间，内战夺走了大约50万人的生命。最重要的原因，就是叛军组织依靠钻石销售购买最先进的武器进行疯狂的屠杀。内战期间，叛军组织“争取安哥拉彻底独立全国联盟”通过秘密的非法钻石交易，赚取了高达37亿美元的利润。更为可怕的是，他们用这些钱购买的武器当中竟然包括国际上已经禁止使用的极易造成无辜平民伤亡的地雷。直到今天，安哥拉各地仍然埋藏着1000万颗地雷，受害者不计其数。

刚果民主共和国也于1998年起爆发了反政府运动，截至目前，至少有6个周边国家的军队参加了战争。仅仅一个星期，就有600名平民死于非命，3000人受伤。如此血腥的刚果内战，谁能想到其庞大的军费开支来源就是钻石？全世界钻石产量前15位的国家之中，有9个是因政治体制不稳定而长期遭受内战之苦的非洲穷国。

塞拉利昂也是这样。科多和唐戈菲尔德等盛产钻石的地区大都被叛军控制，甚至妇女和儿童也被强制去采矿，受到奴隶般的使唤。在塞拉利昂只需5万美元买来的钻石原矿石，到了伦敦，经过加工打磨之后，就能够卖出400万美元的高价，其利益之巨可想而知。

非法钻石生产之所以仍在继续，无非是因为钻石需求量与日俱增。近年来，发展中国家人民的生活水平正在逐步改善，谁都希望钻石成为结婚用品，这就等于暗中为非洲内战煽风点火。美国的钻石需求量占世界总需求量的一半以上，欧洲和亚洲国家——尤其是中国和印度等庞大市场，钻石需求量也在逐年增加。

最近成立的某市民运动团体派出了代表团监视钻石非法交易，并且呼吁人们不要买卖内战国家开采的钻石。他们开展的并非“反钻运动”，而是“反战运动”。如果这些努力都得以实现，那么在不远的将来，5人之中便有1人沦为战争牺牲者的非洲大陆将再也听不见枪声了。

穆罕默德在矿场工作前曾是一名童兵。偶尔，他会把视线投向远处，这时候的穆罕默德便不再是年仅18岁的少年了。这个男孩因为既可怜又可怕的遭遇，得了难以治愈的疾病。每个童兵出身的孩子，几乎都免不了这样的情形。

穆罕默德给我讲述的非人的故事实在让人不忍闻听。他说，童兵们肆意杀人、斫人手足，甚至集体强奸妇女。我问他不觉得这是在做坏事吗。穆罕默德回答说他有时候也有这样的罪恶感，但是有的孩子却把这种事当作乐趣，而且举枪之前还要打赌。

我问他如果再碰到这样的情况会怎么做，穆罕默德淡淡地回答，只要成为军人，就能得到食物，而且有枪就有了力量，所以还会加入叛军组织。我很惊讶，继续问道：

“那么，你还会做那种坏事喽？”

他回答道：

“不是的。现在我已经长大了，这种事情交给童子军去做就可以了。”

虽然他认为自己长大了，但是充其量不过是个18岁的孩子，他的回

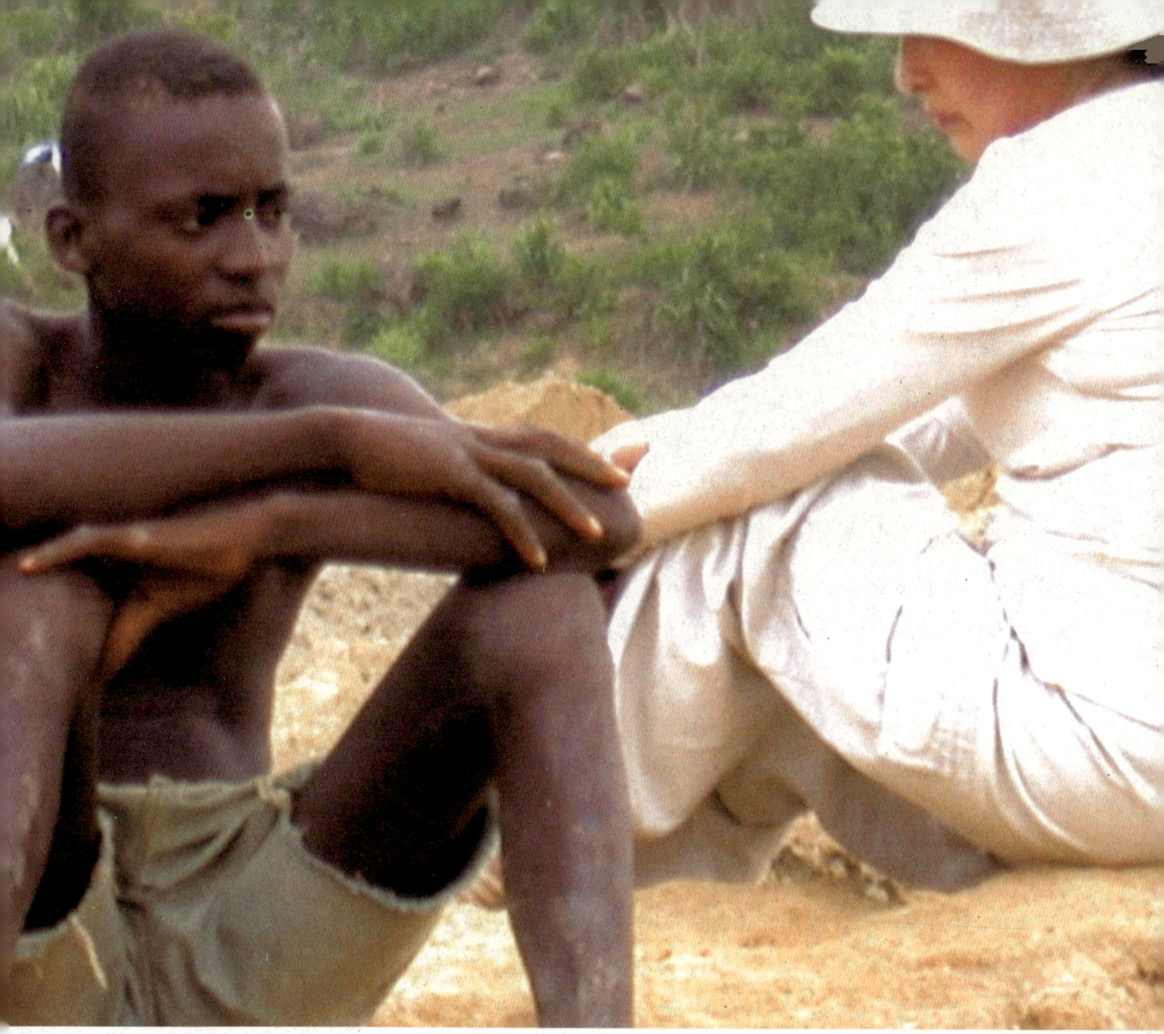

穆罕默德不愿意泄露自己是童兵的事实。采访的时候，我把摄像机隐藏在草丛里，像个无关的过路人坐在他的身边。

答竟然如此漫不经心，好像什么都无所谓。

与穆罕默德聊过之后，我去了帮助遭受性暴力少女恢复健康的康复中心。所谓的康复中心，其实也就是教她们学习刺绣的地方，只有3台缝纫机，可是想学的人很多，因此显得非常狭窄。在那里，我见到了丽贝卡。

丽贝卡面无表情地坐在等候的人群中。她伸着瘦长的双腿，正给孩子喂奶。她的旁边偎依着一个头发晒得发黄、含着大拇指的5岁女孩。

她的眼睛里包含着某种东西，她的脸庞在众多黑人女子中间依然有着耀眼的美丽，卷曲的头发仿佛要融入肌肤，又被芦苇似的金属绾得条条缕缕。然而，最吸引我的，却是她那毫无表情的脸庞。她只是安安静静地坐在人群里，完全没有什么目的。我的摄像机镜头闪来闪去，她也漠不关心，只是偶尔给怀中的孩子换换乳头。

这就是只有18岁的丽贝卡。

丽贝卡13岁的时候，就亲眼目睹了叛军用刀砍掉爸爸和妈妈的头，然后踢来踢去的情景；接着，她又看见姐姐被砍断胳膊遭到强奸，随后也被当场斩首的惨状；最后，叛军集体轮奸了年仅13岁的她。心与身都受到巨大创伤的她当场就昏厥了，醒来以后被带到叛军队长面前。叛军队长见丽贝卡脸蛋漂亮，于是娶她做第5个妻子。因为她只是第5个小妾，所以什么粗活重活都叫她做，每天夜里都被烟头烫、挨打和强暴。

讲起这些故事的时候，丽贝卡平静地向我展示了她的大腿和胸脯，上面满是触目惊心的烟头烫的伤疤。不久后，她的第一个孩子出生了。站在旁边吮吸手指的女孩就是叛军队长的孩子。5年后，政府军打了进来。当着丽贝卡的面，政府军队长砍下了与她共同生活了5年的叛军队长的脑袋，然后以保护丽贝卡的名义把她带走了，同样做出了为人不齿的丑事。这样生下的就是正在丽贝卡怀中吃奶的孩子。

这个年仅18岁的少女，经历了人世间所有的痛苦。当我像她这个年纪的时候，我因为特别讨厌衰老和死亡，于是决定只活到19岁。某个下雨的日子，我辗转村子里的12家药店，买来了很多安眠药。我的18岁是多么的奢侈啊，然而丽贝卡却已经历了电影也难以编造的巨大悲剧，却依旧心甘情愿地给孩子喂奶。哦，上帝，世界为什么如此不公啊！

今天，塞拉利昂的内战终于结束了，丽贝卡带着孩子们寄居在亲戚家。我去看过她们的家。所有的东西都被破坏了，3平方米左右的房子只剩下了3面墙壁，里面放着一张破烂不堪、一动就叮当作响的床。丽贝卡说，亲戚带着他们的孩子在床上睡，她和自己的两个孩子睡在地上。因

如今，年仅 18 岁的丽贝卡已经有两个孩子。她右手牵的是与叛军队长生的 5 岁女儿，背上这个刚满周岁、正发高烧的孩子又是跟一个政府军队长生的。丽贝卡是今日塞拉利昂悲剧的主人公。

为房子太窄了，亲戚也一直赶她，要求她搬出去，可是她实在没有地方可去。非洲大地如此辽阔，却没有丽贝卡的容身之所。

丽贝卡背上的孩子额头烫得像团火。她哪儿不舒服呢？我想告诉这位18岁的少女妈妈，生活不是只有接连不断的痛苦，生活中也有奇迹发生。我想让她幸福，哪怕这幸福很短暂。于是，我当场就做好了决定：我要为她准备四面都有墙壁的房子，还有足够几个月吃的口粮，并且让她不用睡在地上，而是睡在铺着五颜六色床罩的床上。

我把自己的决定告诉丽贝卡时，她只是怔怔地听我说话，仿佛听的是与己无关的故事。1分钟之后，她终于相信这就是发生在自己身上的事情，于是才像个18岁的少女一样蹦蹦跳跳，拍着巴掌欢笑。她忽闪着美丽的眼睛，脸上也露出了生气。看着欣喜不已的丽贝卡，在场的人都流下了幸福的眼泪。

丽贝卡现在住所的对面有个6平方米左右的只剩墙壁的房子。她说自己想住那样的房子。我遵守承诺，立刻满足了她的愿望。我们重建了坍塌的墙壁，买来床和家具，送给她够6个月吃的粮食。之后，我拉着丽贝卡的手向她道别。灰蒙蒙的尘土在飞扬，直到我的身影依稀不见的时候，丽贝卡还在依依不舍地挥手，挥手……

但是我也知道，我不可能真正告别丽贝卡，因为在塞拉利昂，还有无数的丽贝卡，无数的穆罕默德。

有位印度人曾经说过这样的话：

“如果某个人在路上发现有人中了箭，他不会关心箭从哪个方向飞来，也不会关心箭杆用什么木头做成，箭头又是什么金属，更不会关心中箭的人属于什么阶级。他不会过问这么多，只会努力去拔出那人身上的箭。”

战争仍未结束

我喜欢的歌手鲍勃·迪伦有首歌叫做《答案在风中飘荡》，歌里这样唱道：

“一个人要有多少只耳朵，才能听见人们痛苦的呐喊？”

阿考亚是个前面流淌着小河的村庄，从塞拉利昂东部的柯奴地区乘车出发，大约需要1个小时。前往阿考亚的路上，我们顺便去了挪威慈善机构组织的专门收容遭截肢者的救助站。在那里，我们见到了一个双臂都被剁掉的男人，只剁掉一只手的女人，还有几个被砍去了一只手臂的男人。

我问他们为何遭到如此残忍的迫害。他们回答说，当叛军抓住他们时，会先问他们砍哪只手。一个男人没来得及回答，于是就被剁掉了双手；旁边的一个看到这样的惨景，当场被吓坏了，于是胡乱指了一只手，结果那只手就被砍掉了。每个人被剁掉的部位各不相同，是砍掉手腕还是手臂或是从胳膊中间砍断，全看叛军当时的心情如何。其中有一个女人，手腕没有被彻底砍掉，还连着一部分，于是她就托着血肉模糊的手腕逃跑，直到3天后，才在一块锋利的石头上蹭掉了连接的筋骨部分。

我们都茫然失措，不知说什么才好了。听完这些事情，我们震惊得连眼泪都流不出来了。生而为人竟是如此令人憎恶的事情，我从来没有这样痛恨自己是人的事实。拥有两只手，却用自己的双手砍掉别人的双手，这竟然是“人”的行为，简直太可恶了。我宁愿自己是一只没有四肢的虫子。

我实在不忍心再听他们说下去了，真的好心痛。我也不忍心去看那些被砍断手臂的人，只好把头转向别处，匆匆跟他们道了别。我们接着来到了前面流淌着小河的村庄。在这里，直到无恶不作的叛军的童兵被政府军赶走，他们才停止在这个村庄里为非作歹。他们犯下的滔天罪行可谓史无前例，我甚至不愿用文字去描述。幸存的村民说起当时的惨状，非常悲伤，眼睛红得像喝醉了酒。这些残暴的事情就发生在一年半之前。由于联合国维和部队的介入，战争终于在两年前结束了。但是，战争结束之后，这种残忍的情形依然持续了很久。

当时，那些童兵还犯下了难以想像的罪行：打赌孕妇怀的是男孩还是女孩，然后真的剖开女人的肚子，取出胎儿验证；他们命令儿子冒犯母亲，因为儿子不愿意，他们就当场砍掉父亲和儿子的脑袋，然后集体玷污母亲。那个母亲活了下来，她拉着我的手，哭诉着自己的遭遇。战争让孩子们也发疯了。

还有一个女人，她留下年迈的母亲，独自避难去了。然而她还是感觉良心不安，于是又回到村庄，却看见母亲的头在地上滚动。还有人看到童兵把那些未能逃出去避难的男人拖到江边，将他们双手捆绑，推上独木舟似的小船，划到江心后故意把船弄翻，让男人们全部被活活淹死。那艘船至今仍然漂浮在江边。

这些事情说也说不完。有时，男人们被迫蒙头走路，突然间脑袋就被砍掉，为的是童兵们笑着打赌，看没有了头颅的身体还能走出几步。童兵当时邪恶的笑声至今仍在某个女人的脑海中回荡。曾有位母亲背上的孩子被童兵夺走，扔进河里，母亲又遭到童兵的强暴。现在那位母亲每天都在河边洗衣服，她还为我详细讲述了童兵夺走她的孩子扔进河里的经过。因为回国以后要做节目，所以我们需要这些真实的情况。可是，这样做实在太残忍了，回来后我忍不住失声痛哭。我感觉我们是在第二次摧残这位母亲。她说，有时她会一整天在河边久久徘徊，思念孩子。

为什么会发生这样的事？上帝究竟在哪里？他看到这些惨剧为什么还保持沉默？

很多留在村子里的女人被叛军强行拖走，不得不和叛军一起生活，脱身后却被避难回来的丈夫抛弃，只好独自带着孩子过着饥寒交迫的生活。犯下滔天罪行的童兵也没有好日子过，他们既是施害者，又是受害者。他们也很难回到从前的正常生活了。最先接受采访的穆罕默德似乎也在期待战争的再度爆发，这真的是令人悲哀的事情。

从1991年到2001年，塞拉利昂内战持续了10年之久。内战的最初目的是拯救国家腐败政权的统治，后来逐渐变质，演变成为针对钻石矿的争夺。政府军和叛军做出了“砍手腕”等种种践踏人权的残忍行为和屠杀行径。在这个过程中，数万女性遭到叛军、政府军，甚至是联合国派遣的国际维和部队的强奸，使得这些女性承受着难以想像的痛苦。

受伤害最深的就是年轻的少女，她们当中的大部分人在被轮奸之后惨遭杀害，还有的是在武器、木棍、雨伞等工具的威胁之下遭到了强奸。

美国《新闻周刊》杂志刊载了这样的报道：

出生在没有食物、没有住所、没有受教育机会的地方，对于孩子是一件非常残忍的事情。再加上战争，孩子们被无穷无尽的恐惧和不安团团包围。即使在战争中，塞拉利昂的孩子们所受的残酷虐待也很罕见。过去的20年间，塞拉利昂和利比里亚的叛军强迫孩子参战。叛军会诱拐七八岁的儿童，对女孩子实施性暴力，给男孩子强行注射毒品，强迫他们做出残忍的事情，甚至杀死亲生父母或者砍掉别人的手。如果拒绝，则难免一死。后来，他们当中的许多人做了苦力和性奴隶，其他人则成了童兵。

童兵之所以如此胆大妄为，是因为他们都是在被毒品麻醉的情况下参加战斗，所以不得不这样。毒品沾在创可贴的黏稠部位，只要把创可贴贴在伤口上，毒品就会渗入体内。16岁的童兵易卜拉欣对国际特赦组织说：“中了可卡因毒以后，就会变得无所畏惧，非常残忍。”另一名童兵也说：“在我眼中，人和鸡或老鼠，没什么区别，杀了他们也没有什么大不了的。”如果童兵试图逃跑，捉住以后立刻就会被处死。即使能侥幸逃到别的地方，但因为没食物可吃，更没有别的事情可做，所以也就不想逃跑了。

在塞拉利昂，投入战斗或受到虐待的孩子至少有1万人，其中30%至40%被送回家中，更重要的是想办法帮助他们摆脱毒品的危害。内战虽然结束了，但参加过战争的孩子们仍然沉浸在战场的幻觉中。

所有的人都发疯了。这里的战争还没有结束，还有另一场生存战争摆在他们的面前。如果不帮助他们，我们都会为自己是人而感到羞耻和悲哀。*

*2003年10月，金惠子在塞拉利昂通过世界展望会开始了“金女士计划”。这个计划主要是为在战争中受到伤害最重的家庭提供粮食、技术培训和他们做生意的启动资金。

——编者注

神引领我来到这个地方

除了生活的重心演戏之外，我最喜欢的事情就是读书和旅行，还有享受自由。我的朋友屈指可数，书籍却充满了我的房间。我喜欢书和音乐，喜欢庭院里生长的花花草草。然而自从做了演员，成为名人之后，我就终日忙碌得抽不开身去旅游了。我虽然也到过世界上的许多国家，但大部分都是为了拍戏，与我梦想中的自由自在的旅行相去甚远。实际上并没有人约束我，是我把自己关闭在某种桎梏中了。仔细想想，我全身心投入戏中的角色，塑造了某个给人们留下深刻印象的形象，而我也在迎合着这个形象生活，所以我就有了这样的口头禅："等拍完这部电视剧，我要去远行，也许永远不回来了。"我的心在梦想叛逆，然而现实却在原地踏步。

1992年夏天，我刚拍完创造有史以来韩国电视剧最高收视率的周末连续剧《爱情是什么》，就计划陪着大学毕业的女儿去欧洲旅行。这也许是我人生中第一次自由之旅。我想去的地方是捷克的布拉格，还有匈牙利的布达佩斯。首先是因为电影《布拉格的春天》吸引了我，其次是因为我喜欢匈牙利的舞曲，尤其是一张CD封面上那张黑白照片深深地打动了我的心。那张照片以掉漆的窗户为背景，一个赤着脚，穿条破旧不堪的裤子，但头发梳得很整齐，弹奏小提琴的男人和他的儿子站在一起。照片下面写着："和儿子一起流浪，1935年。"

我已经预订了机票。准备旅行用品的时候，每天我都是格外兴奋。有一天下午，我突然接到一个意外的电话，是以前从未听说过的世界展望会韩国分会打来的。会长亲自打电话给我，用铿锵有力的语调，直截了当地问我愿不愿意和他一起去非洲。我还没来得及说我计划和女儿去欧洲旅行，他就向我介绍起非营利性基督教慈善团体——世界展望会的情况，还说国外的很多著名艺人也参加了这个团体。

世界展望会是由美国牧师鲍勃·皮尔斯创建于朝鲜战争期间，旨在呼吁全世界帮助韩国的孤儿和寡妇，如今已在世界104个国家设立了分会。1991年之前，韩国一直是接受援助的国家，自从1992年之后才开始援助其他国家。我首个访问的国家就是非洲的埃塞俄比亚。

世界展望会韩国分会的会长亲自给我打电话，正式邀请我担任世界展望会的亲善大使，邀请我把面包形的储蓄罐分给人们，把募捐来的15万美元送给埃塞俄比亚的穷人们，还邀我拍摄象征关爱的面包储蓄罐的宣传广告。现在很多援助组织都有亲善大使，但是在当时，韩国还从来没有人做过这样的事情，所以“亲善大使”这个词对我来说很陌生。

我突然觉得，选择非洲做旅行地也不错。说到非洲，我首先想到的是电影《丛林故事》里的密林和野生动物；也想到了在电影《庄园》中看到的各种藤蔓植物，以及犹如仙女般的奥黛丽·赫本在美得令人窒息的无名花丛中穿梭的样子；我还想像着我可以在脸上刺有怪异花纹的土著的带领下穿越密林的景象。一想到可以在辽阔无边的非洲大陆上看到升起红彤彤的太阳，我就想也许可以体会到比欧洲的古色古香更多的回忆和自由，于是果断地做出了前往非洲的决定。

于是，我对女儿说：“你按原计划去欧洲，我要改去非洲，让我们各自留下美好的回忆和无尽的自由吧。”然后就把旅行地改成了非洲。

飞机起飞的瞬间，我真的非常开心。大地上的东西渐渐变小，我突然意识到自己以前是不是想得太复杂了，顿时觉得以前那些令我痛苦和为难的事情其实都很可笑。当我隔着巴掌大的机窗向下看时，既很兴奋，又有些幸灾乐祸。

“我走了，我要去无限的宇宙了！你们留在这里继续过烦恼的生活吧！”

飞机先在印度孟买降落作为中转，然后又向埃塞俄比亚的首都亚的斯亚贝巴起飞。突然，某种恐惧朝我袭来。我意识到这不是单纯的旅行，心里也因此变得忐忑不安了。我听说那里有很多饥饿的孩子，一年就有900万名儿童因饥饿而处于死亡的边缘。要是真的看到那些濒临死亡的孩子，我该怎么办呢？

处于高山地带的亚的斯亚贝巴比想像中凉爽得多，再加上时逢雨季，气温在10到20摄氏度之间徘徊，这恰好是我最喜欢的气温。我们此行的目的地是位于埃塞俄比亚北部的阿玛拉祖鲍尔罗。我们在亚的斯亚贝巴乘上了容纳15人的螺旋桨小型飞机。这是我平生第一次坐小型飞机，感觉就像玩具似的在风中摇荡。

到达阿玛拉祖鲍尔罗后，我们把行李放在专门为外国客人建造的客房里。房间里有一张行军床，床角整齐地放着一条毛毯。经过漫长的旅途，我已经疲惫不堪，于是枕着毛毯睡了片刻。虽然只睡了一会儿，我却梦见了高大的树木和吃树叶的大鼻孔长颈鹿，还梦见自己乘坐破旧的吉普车行驶在黄土路上。然而当我睁开眼睛的时候，却发现这只是一场虚幻的白日梦。

听了援助组织工作人员的介绍，我立刻目瞪口呆了。在埃塞俄比亚现有的4600万人口中，有900多万人处于严重的饥饿状态。他们即使存活下来，大多数也会因为营养失调而发育不良，或者因为缺少维生素A而失明。这里的幼儿死亡率高达142‰；5岁以下的儿童的死亡率也高达122‰；人均国民收入只有130美元，而外债却高达30亿美元。我这个人对数字很不敏感，却也感觉到这些不是小事。

在这里，平均每8.8万人才拥有1名医生，医药用品和医疗设施也严重不足；54%的国民只能饮用被污染的水；如果患了风土病疟疾，就只能眼睁睁地等死了。这都是由持续4年的干旱和军事政变之后因理念不合而爆发的内战所引起的。

非洲其他国家的状况也跟这里差不多，国外伸出的援助之手还未到达穷人手中，就在中途消失不见了。因此形成了越有权势的人越富有，越贫穷的人更贫穷的恶性循环。幸运的是，目前救助物资中途消失的事情已经减少了。

非洲，与我想像之中的浪漫之旅相去甚远！我原以为至少可以看看有趣的猴子，没想到悲伤的乌云已经笼罩了我的灵魂。

冻裂我疯狂的心吧

曾经做过埃及博物馆馆长的法国著名埃及学家奥古斯特·马里耶特·拜，在看到古代寺院的祭坛下面挖掘出一对男女的骷髅后，获得了写作的灵感。于是他以这对男女为主角，添加一些情节，写出了一个故事。后来，法国剧作家卡米尔·都洛克勒以此为基础，试图用法语写成剧本，最后由安托尼奥·吉斯兰佐尼用意大利文完成了整个剧本。

1869年，为了纪念苏伊士运河开通，埃及国王在首都开罗修建了“意大利歌剧院”。新的歌剧作品因为要在运河开通仪式上演，于是邀请了当时最优秀的歌剧作曲家朱塞佩·威尔第担当作曲。起初，朱塞佩·威尔第没什么兴趣，拒绝了两次，但是最后他被剧院方面提供的剧本梗概打动了，于是接受了委托，还拿到了史无前例的巨额创作费。

《阿伊达》是歌剧史上最成功的作品，它曲调优美，因此深受人们喜爱。尤其是第一幕中阿伊达演唱的《胜利归来》、拉达梅斯的情歌《圣洁的阿伊达》以及第三幕中阿伊达演唱的《啊，我的祖国》，都是情真意切的名曲。

《阿伊达》讲述的是埃及总司令官拉达梅斯与阿伊达的爱情悲剧。阿伊达本来是埃塞俄比亚的公主，后来沦为战俘，成了服侍埃及公主阿姆内利斯的奴隶。了解她身份的拉达梅斯将军爱上了她。阿姆内利斯嫉妒他们，于是从中妨碍两人的爱情。拉达梅斯出兵与埃塞俄比亚作战，在阿伊达心里，恋人的胜利要比祖国的胜利更重要，于是她对拉达梅斯唱起了那首著名的《胜利归来》：

这种不伦的话怎能出自我的口中？我怎么可以让他战胜我的父亲，赢得最后的胜利？我期待恋人胜利，可是我的同胞要为此流血，我的父亲要被抓做俘虏。如果我为父亲祈祷，那就等于诅咒我心爱的恋人被杀。我心乱如麻，我的心在流泪。快快冻裂我疯狂的心吧！

在歌剧的第三幕和第四幕里，阿伊达为了父亲和祖国埃塞俄比亚，通过拉达梅斯了解埃及军队的进军路线。拉达梅斯因涉嫌通敌而被关进神殿的石洞里，无可奈何地等待死亡。阿伊达也被埃及军队逮捕，在同一个石洞里与拉达梅斯紧紧相拥，两个人共同唱着《再见吧，大地！》，并永远地离开了人世。

去年在纽约，我看了百老汇演出的小规模音乐剧《阿伊达》。我是在暴雪飞扬的曼哈顿42街的音乐剧院里观赏这部作品的，不同于庄严的歌剧，埃塞俄比亚公主阿伊达和埃及将军拉达梅斯之间的爱情故事更为动人心魄，也令我想起了早在10年前就去过的埃塞俄比亚。

埃塞俄比亚的历史开始于所罗门和希巴女王的爱情故事。公元前1世纪左右，统治埃塞俄比亚的绝色美女希巴女王为了引进所罗门王国的文化，前往耶路撒冷拜访犹太王所罗门。后来，希巴女王怀上了所罗门的孩子，回国后生了下来，他就是孟尼利克一世。于是，埃塞俄比亚王朝诞生了。基督教的《圣经》和伊斯兰教的《古兰经》都分别记录了埃塞俄比亚的这段历史。

希巴本来是阿拉伯南部的一个小部落国家。他们跨越红海，移居到现在的埃塞俄比亚以后，在很长的时间里仍然使用这个名称。希巴女王那漂亮的脸蛋被非洲的阳光晒成健康的肤色，充满了魅力。

我听过这样一个故事：

神创造世界的时候，用泥土制造了人类。神烧制泥土，做出了第一个人，可是烧得太黑了，就扔到地上。这些人就是非洲的黑人。第二个人也没有烧好，太白了，于是神也把这个人扔得远远的，那就是欧洲的白人。最后，神终于制造出了完美的人，于是把这些淡褐色的人放在自己最喜欢的地方，也就是世界上最美丽的地方埃塞俄比亚。

埃塞俄比亚人很自豪，认为自己就是所罗门王和希巴女王的后裔。他们不同于其他的非洲人，他们的皮肤不黑，呈淡褐色，所以很讨厌别人叫他们黑人。"埃塞俄比亚"这个词在希腊语中也是"适度晒黑的脸"的意思。只要看看今天的埃塞俄比亚女人，就可推想希巴女王和阿伊达是多么的有魅力。听到女高音歌唱家玛丽亚·卡拉丝演唱的《圣洁的阿伊达》，人们完全可以想像出阿伊达的美丽。

直到19世纪末，遮挡在神秘面纱背后的非洲才开始为世人所知。19世纪60年代，提起非洲，人们想到的还只是沙漠和荆棘、不可预测的气候以及众多横行的传染病。因为猛兽肆虐的凶险地形和巨大的瀑布，这里成为痴迷猎奇的探险家或者传教士们的舞台。国家形态和国境也没有明确的划分，各个部族之间和平共处。但是，从19世纪70年代到1914年第一次世界大战爆发的40年里，欧洲人强行画出了国境线。黑色的非洲大陆在列强们的争夺中变得混乱不堪，甚至还有一个国家因保留了欧洲人遗弃的国旗而沦为了那个国家的殖民地。实在是荒谬至极！

在这片充满悲伤的土地上，只有两个国家没有沦为欧洲列强的殖民地，那就是利比里亚和埃塞俄比亚。利比里亚是从美国解放出来的奴隶回到非洲建立的国家，列强考虑到这层微妙的国家关系，没有人愿意动手。因此，真正依靠自身的力量捍卫了自己家园的只有埃塞俄比亚人。根据当时的惯例，意大利军队在列强的默许之下，入侵埃塞俄比亚，不料在海岸附近就遭遇勇猛的埃塞俄比亚军队的反击，几乎全军覆没。朝鲜战争时期，埃塞俄比亚还向韩国派遣了军队，可见这个国家当时的实力有多强。

但是，自1974年来的17年独裁统治，加上与邻国索马里的战争和连绵的内战，使得埃塞俄比亚的经济一落千丈；又遇到连年的旱灾，大多数国民饱受饥饿的折磨。埃塞俄比亚是全世界的咖啡原产地，生产无公害咖啡，国民也都爱喝咖啡，所产咖啡有40%以上都被本国人消费。据说“咖啡”的名称也取自最早使用咖啡树的埃塞俄比亚女人。然而随着主要出口产品咖啡的国际价格下滑，埃塞俄比亚的贫困问题也日益严重起来。

地上躺满了瘦得皮包骨头、连叮在身上的苍蝇都无力驱赶的孩子，这就是埃塞俄比亚的现状。首都亚的斯亚贝巴的名字在当地语言中有“鲜花”之意，从飞机上俯瞰，果然名不虚传，就像一朵盛开的大波斯菊。然而当我走下飞机，来到地面的亚的斯亚贝巴，鲜花不见了，我真真切切地感受到了什么是地球上最严重的贫困。路边并没有盛开的波斯菊，只有成排的乞丐。每家医院都到处是蛆虫和跳虱，医药用品和医疗器械总是不够。由于麻醉剂匮乏，很多手术都在未经麻醉的状态下进行，如果患者忍受不了疼痛，那就只好出院回家了。治疗伤口的消毒药也不充裕，许多患者在手术之后因感染并发症而失去了宝贵的生命。

这个15年前曾饿死了100万人的国家，如今再度被黑色的死亡阴影笼罩，900多万人因严重饥饿而濒临死亡的边缘。埃塞俄比亚每年有两次雨季，2月中旬开始的“博尔格”雨季时间较短，夏季的“麦尔”雨季持续时间较长。其中，“博尔格”雨季能决定50%的农田收成。过去几年里，“博尔格”雨季几乎从未降临过埃塞俄比亚，农业连受重创，最终导致粮食的严重不足。

在外国慈善团体开设的某处保护所里，有1300名出现严重营养不良状况的儿童在接受治疗。由于长期营养不良，这里的孩子每隔两小时就有1人死亡，死亡率高达10%。

为了挽救只有1岁的女儿帕蒂，考拉特在烈日下沿着干裂的土路步行了50公里，来到保护所，一边把高蛋白营养粥喂进孩子口中，一边驱赶着围绕在孩子身边的苍蝇。因为营养失调、脱水和腹泻等，像帕蒂这样的孩子，体重还不到标准体重的一半，身体极为虚弱。大约有7.5万人聚

如果你能握住他人的手，给他拥抱，或者轻抚他的肩膀，那你就是受到祝福的人，因为你能伸出治愈伤痛的同情之手。

集在这里领取粮食，他们中的大部分人都有生病或者老得不能动弹的亲人在家中。

1985年获得普利策奖的摄影作品，从某个侧面表现出了埃塞俄比亚的惨状。照片上的苏丹难民收容所里，一对饥饿的埃塞俄比亚母女等待供给粮食。妈妈的头上和身上裹着长长的布以遮挡阳光；女儿赤身裸体，依偎着妈妈的膝盖，眼窝深陷，瘦得像具只有骨头的骷髅……孩子的双腿像实验室里的人体标本，只有骨头空荡荡地悬挂在臀部；妈妈也是皮包骨头，瘦得惨不忍睹。

曾经令埃及将军倾心的圣洁的阿伊达，为王中之王所罗门生下孩子的绝世美女希巴女王去了哪里？阿伊达和希巴女王肯定会死不瞑目。只要100韩元(相当于人民币0.8元——译注)，就可以让他们饱餐一顿，我们为什么不能帮助他们？为了观看有大象、老虎和巨蟒出现的大型歌剧《阿伊达》，我们心甘情愿地花费几十万韩元(相当于人民币数千元——译注)，为什么就不能用这些钱来帮助那些女人和她们的孩子呢？

我没有英吉拉

到达埃塞俄比亚的第二天，我们去了3个月前发生内战的昆波尔查。从首都亚的斯亚贝巴乘飞机到昆波尔查需要1个小时。那里的房子都是泥土做成的墙，房顶都是由杂草编织覆盖的。看到这些稀稀落落散布在高原地带的泥土房，我的心里真的很乱。

当地人把苔麸磨成粉末，做成米糕似的薄饼，名字叫“英吉拉”。富人可以在里面加上羊肉或蔬菜，穷人只要有什么调料也不放的英吉拉就已经谢天谢地了。很多人连这个都吃不上，只能连日挨饿。

孩子们穿着救助组织分发的不合身的衣服，有的破了好几个洞。他们总是赤脚走路，脚掌就像坚硬的鞋底。即使他们穿着褴褛的衣服，饥肠辘辘，嘴里反复念叨着“我没有英吉拉”，可脖子上却仍然挂件东西。如果实在没什么可挂了，就用线穿起扣子挂在脖子上。破旧的连衣裙和纽扣项链倒是很搭配。

这里就是真正的人间地狱。孩子们都有气无力地坐在地上，一见陌生人经过，马上伸手喊道：“我没有吃的。”

这个国家的女人不但五官清秀端正，而且身材

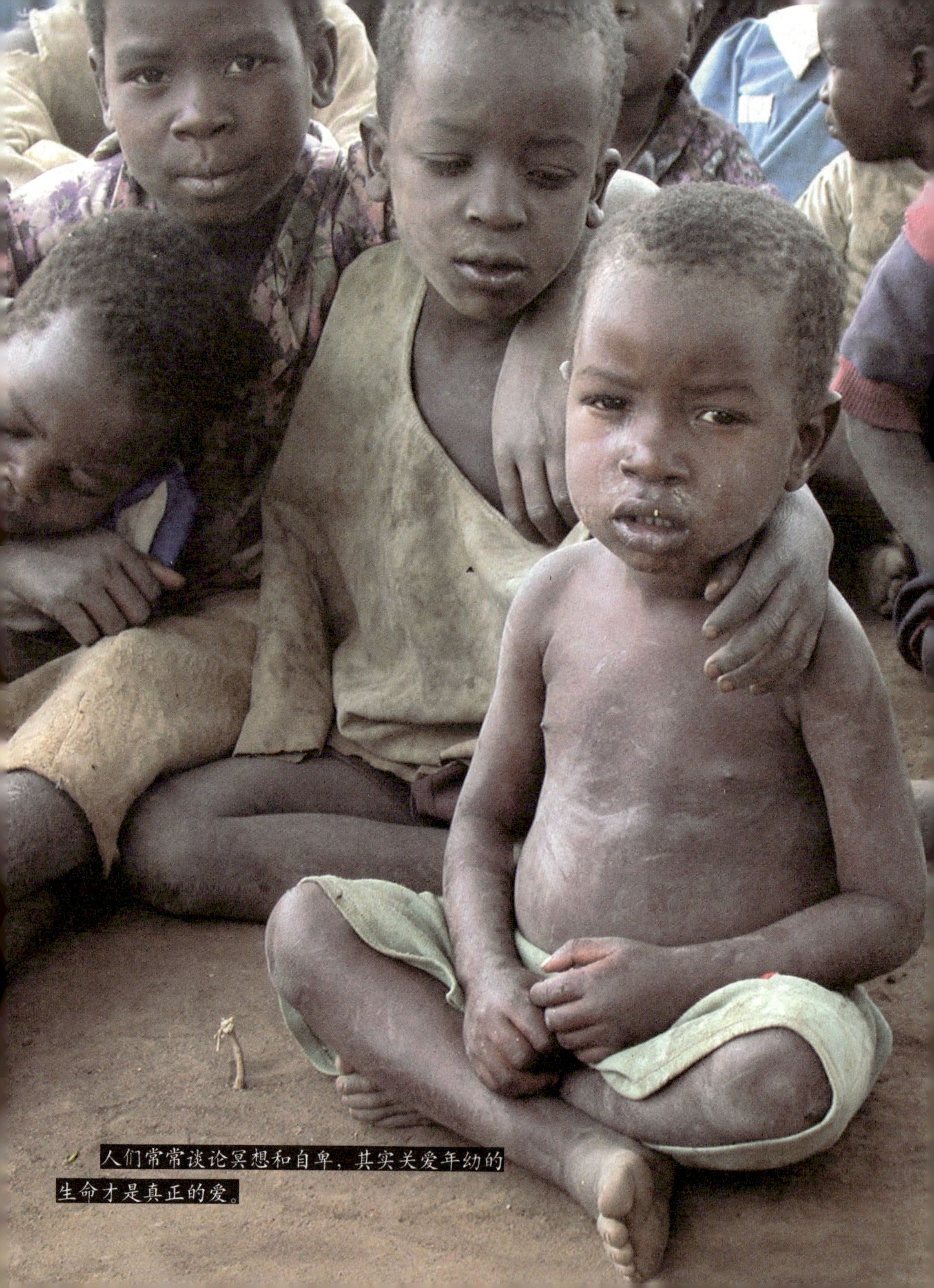

人们常常谈论冥想和自卑，其实关爱年幼的生命才是真正的爱。

也像经过精心雕琢的雕像，脸色呈淡咖啡色，个个都是楚楚动人的美女。如果这个国家不是如此贫穷，我想，恐怕世界时尚时装的中心就不是巴黎，而是埃塞俄比亚的某个城市了。这里的人不管穿的衣服多么破旧，色彩都能和肤色形成惊人的搭配。孩子们也都很可爱。他们喜欢被人抱，因此常争先恐后地拉我的手。

然而，这样的美丽却只是痛苦缝制、悲伤裁剪的衣服。到达昆波尔查，我们走进某个毫无人迹的泥土房。尽管是白天，里面仍然漆黑不见五指，地面上铺着条破烂不堪的毯子，一个瘦得皮包骨头的男人躺在上面。他的肚子上趴着个瘦得屁股都皱巴巴的婴儿，另外还有一个男孩子和两个女孩子也都因饥饿眼窝凹陷，呆呆地坐在旁边。那个看上去像爸爸的男人注视着我的眼睛，勉强支撑着身体对我说道：

“我患了疟疾，快要死了，孩子们也随时都有死亡的可能。生病的妻子出去找食物了。”

从那一刻起，我的眼泪就像断了线的珠子开始流淌，直到离开非洲，我的眼泪就没有停止。是什么样的机缘，让这个连抬手的力气都没有、好似尸体一般的男人，竟然对着在截然不同的环境里过着衣食无忧的生活并广受观众爱戴的我，倾诉着自己和家人经历的痛苦？

我的泪水止不住地流。我想在那个瞬间，我的泪腺可能在某个地方出现了溃决。我站着哭，坐着也哭，睡觉的时候哭，甚至在梦里也还是哭。那年我在非洲流了多少眼泪啊，如果收集起来，恐怕埃塞俄比亚就不会有干旱之灾了。

他们等待生存的同时，也在等待死亡。如果有人给他们食物，他们就能活下来。否则，他们只能这样死在窝棚里。生活在那里的人们大多是这种情况。

我情不自禁地向苍天呐喊：

“上帝啊，您为什么要这样？大人受苦也就算了，您为什么还要让孩子们承受这样的痛苦？”

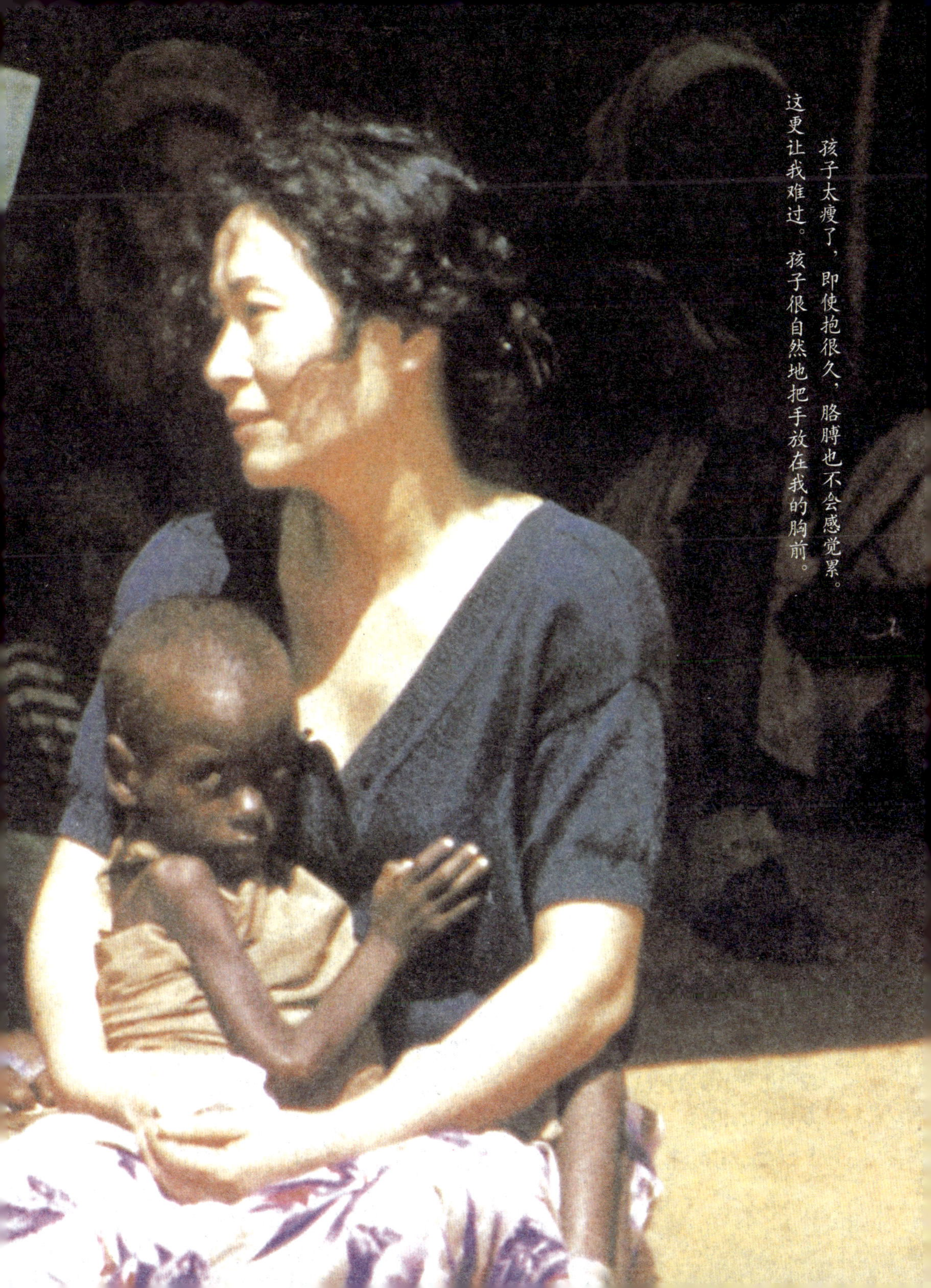

孩子太瘦了，即使抱很久，胳膊也不会感觉累。这更让我难过。孩子很自然地把手放在我的胸前。

那天夜里，我久久难以入睡，一遍又一遍地重复着这句话。我的脑子里纷乱如麻。即使我吃了3粒治头痛的药，脑海深处还是回荡着敲打铁器的声音，好像脑袋马上就要爆炸了。

回到亚的斯亚贝巴后，我们又去了距离市中心有10分钟车程的日泊帐篷难民收容所。日泊收容所里容纳了5000多人，都是为了躲避贫穷和内战而逃到首都的人们。看见我们，大人孩子都跑了过来，伸开他们瘦得只剩骨头的手指，哭喊着："我没有英吉拉！"

因为干旱，河水已经干涸了，河边满是因找不到水喝而渴死的牛和羊，腐烂的尸体正发出难闻的臭味，我们不得不捂住了鼻子和嘴巴。寄居在上面的苍蝇漫天飞舞，还不时飞来叮咬着孩子们的眼睛和嘴巴。我很奇怪，这些人为什么不在动物饿死之前把它们吃掉呢？动物饿死了，孩子们也跟着饿死了。不管我问谁，都问不出明确的答案。

每个破旧的大型军用帐篷里都住着大约150名难民。只要一下雨，雨水就从漏洞里渗了进来。见到我们，人们大声喊着："我没有英吉拉！"还有人向我们展示露着白骨的大腿，告诉我们这里没有药物。

帐篷里面简直是人间地狱。那么多人共同生活的地方，却没有独立的卫生间，人们就在破烂的大帐篷里面对着污物生活。如果孩子腹泻，也只是把孩子挪到旁边，而他的旁边却有人用好不容易找到的苔麸在做英吉拉。

位年轻的妈妈用黑炭状的东西在孩子的额头上画了个十字，抱着哭闹不休的孩子站在角落里。我看见水晶般的泪珠沿着这位妈妈褐色的面颊流淌。孩子生病了，年轻的妈妈却只能在孩子的额头上画十字，祈祷孩子早日康复。除此之外，她还有什么办法呢？她什么办法也没有，只能痛楚可怜地站在那里哀泣。孩子的脸皱皱巴巴，就像猴子，肚子却鼓得厉害。妈妈说这孩子不是新生的婴儿，已经3岁了，只因吃得不好，发育很不正常。

孩子有气无力，手里却始终紧握着一样东西。我仔细看去，原来是

我们做错了什么？为什么要杀死我们伤害我们？为什么要偷走我们的未来？

个鹅卵石大的土豆。应该是妈妈从哪里弄来给他的吧。孩子似乎没有力气把土豆塞进嘴里了，只是拼命地抓着，说什么也不松手。

在她们面前，我除了哭泣，什么也做不了。望着面对濒死的孩子，妈妈束手无策的无助模样，我不停地哭泣，直到浑身颤栗。竟然没想到给孩子一粒糖果。后来，当这些镜头在韩国电视频道播放的时候，全国的妈妈们都哭了。

亚的斯亚贝巴大学附近的杰拉莱姆街的另一个难民营，情况也跟这里差不多。很多人把大学校园的围墙当做墙壁，用塑料膜做屋顶，勉强生活。到处都是被苍蝇包围的孩子，他们的眼睛、鼻子、嘴巴周围都有苍蝇飞来飞去。不管走到什么地方，都能看到躺在地上呻吟、气息奄奄的病人。即使孩子们原先有气无力地坐在地上，看见陌生人经过，也都马上伸出手喊："我没有英吉拉！"这里几乎就是真正的活地狱。

即使他们快要渴死了，也不知道挖地可以挖出水来，只想着下雨的时候最先接到水，所以把家搬到距离天空最近的山顶。美国慈善团体来到这里挖井，当井里流出了清澈的水时，所有的难民都吓跑了。这些单纯无知的人们啊！告诉他们控制生育，他们也只当耳旁风，竟然还说这是灭绝他们的种族。

我们访问难民营的时候，因找不到合适的住所，只好住在市中心的希尔顿酒店。酒店和难民营是两个天壤之别、截然不同的世界。西餐厅里到处都是陪着孩子们享受幸福时光的人，他们打扮得得体又时髦。在大厅的另一边，还有人正在为孩子举行生日派对。每天早上，还有些有钱的女人趁着到餐厅用早餐，把因天气太热而没机会穿的毛皮大衣披在肩上炫耀。

我在酒店里看到一场婚礼，新郎骑着白马，新娘乘着长长的豪华轿车入场，真像电影里的画面啊。准确地说，这个酒店本身就像画中的风景，而它距离难民帐篷村只有10分钟的路程。

白天什么东西也没吃，我流着泪在帐篷村转来转去，晚上回到酒店时，我已经疲惫不堪了，仿佛我身体的全部力量都通过眼泪流失了。我知道，这不是演员在戏中流下的眼泪，而是从人的本性中流出的炽热泪水，是发自内心深处的泪水。

白天在难民营里访问，晚上回到酒店洗热水澡，躺在松软的床上，我觉得自己竟是那么可恶，那么虚伪。以前，我从来不知道世界上还有如此痛苦的人生。我哭泣，痛苦，感觉自己是个罪人。然而此时此刻，我却躺在柔软的床上，享受着安逸的生活。我真的很厌恶自己。

在悲伤和震惊之中，我度过了如坐针毡的10天，终于到了离开的日子。离开的前一天，有个在访问期间一直陪伴我、隶属当地救助团体的埃塞俄比亚青年不辞劳苦地砍来了一捆甜苔麸，送给我做礼物。我忍不住又哭了。他们多想送给我东西啊，但又没有东西可送，所以才会砍来了甜苔麸。

这个我在最开始住的客房里认识的年轻人，此次专门负责我们此行的所有苦差事。有一天傍晚，他穿着一件不知从哪里找来的又旧又短、但洗得干干净净的乳白色外套，小心翼翼地敲响了我的房门。我推开门，请他进来。他迟疑着走进房间，忽然，他抓着我的短袖子，跪在我的面前，恳切地对我说道：

“您是著名的演员，对吗？我可不可以跟您去韩国？我总是吃不饱饭，我想上学。”

这个年轻人的眼睛是那么清澈。我怎么带走他呢？想必他也是犹豫了很久，才鼓起勇气来敲门的吧，可我该怎么对他说呢？我真的很为难，于是拉着他的手，扶他起来，告诉他说：

“对不起，我不能带你走。真的很抱歉，但是我不会忘记你的。”

我惟一能做的只是给他点钱，希望能对他的学习有所帮助。现在，他却递给我一捆甜苔麸做礼物。我紧紧抱住他，他也很不自然地拥抱着我。我们两个人都哭了。这个年轻人比我的儿子还小呢！

在回国的飞机上，我向上帝祈祷，祈祷上帝不要再以同样的理由让我再到非洲来。

当时，我怎么也没想到自己会在非洲花上10年的岁月，探望那些孩子。我当时真的不知道上帝会带我到什么地方。

同行的人们都认为年轻人给我的甜苔麸会成为负担，叫我不要带了，可我还是带上了飞机。回到家里，我把甜苔麸放进冰箱，偶尔拿出来放在嘴里尝尝它的甜味。每当这时，我就会想起埃塞俄比亚，想起那个年轻人，想起抱着生病的婴儿流下水晶般泪水的年轻妈妈。

每次我在拍《田园日记》这部电视剧时，只要里面出现吃饭的场面，我都会想起那些饿得没有力气哭喊的孩子。每当这时候，我都会责问自己，我真的可以平静地坐在这里吗？探望他们回来后，难道做个节目就完了吗？这样的问题总是痛苦地折磨着我。

11年前，我动身去了那片未知的大陆，怎么也没想到这次旅行会影响我的余生。稀里糊涂开始的非洲之旅让我明白了一个道理：活着是很美好而又很艰辛的事情，每个属于我的瞬间，都不应该让它毫无意义地流逝。这是我以自己的身体和心灵体会到的深切感悟。

真希望这只是电视剧

我去埃塞俄比亚那年，尤其是从当地拍摄的纪录片播出以后，引起了强烈的反响，甚至举行了联合记者招待会。连续10天，世界展望会办公室的电话昼夜响个不停。全国各地的人们都打来电话，希望购买爱心面包储蓄罐，可见援助非洲难民的运动正在逐渐扩大规模。

我做过无数次访谈类节目的嘉宾，每当看到我在骨瘦如柴的孩子面前哭泣的镜头，主持人和其他嘉宾也都情不自禁地跟着流泪。

这个节目收到的效果远远超出了我们的预期。人们纷纷称赞我是富有爱心、做了好事的大善人。某家报纸还在头版头条刊发了题为《超级巨星金惠子变身慈善家》的报道。我很不安，也很惭愧，感觉自己戴上了假面具。也许是因为这种感觉，当世界展望会再次邀请我跟他们去索马里的时候，我犹豫了很长时间。

但是，AFKN(专为驻韩美军播放的电视频道——译注)新闻频道连续报道索马里的惨状：路上躺着一排排的尸体，旁边站着腿瘦得就像鸟腿、眼睛深深凹陷的孩子。上次去埃塞俄比亚的时候，我对那里什么都不知道，但是这次不同了。我清楚地记得那是什么样的地方，记得我在那里曾经多么厌恶自己，多么怨恨神灵。我很矛盾。

有一天，一个在九老工业区工作的女孩子给我打来了电话。她已经积攒了8.1万韩元(相当于人民币648元——译注)，本想用来帮助那些少男少女家长(未成年便承担起家庭重担的年轻人——译注)，但是看完我们的节目之后，她决定支持“爱心面包”基金。啊，这位少女也希望我去索马里。我说，帮助少男少女家长的心愿就由我来替你完成吧。在九老工业区工作，能够赚多少钱呢？我不能再犹豫了。

前往索马里的路途非常遥远。从首尔到巴黎需要13个小时，从巴黎到肯尼亚首都内罗毕要8个小时，从内罗毕到索马里的第二大城市拜多阿还要3个小时。这里有个世界慈善团体设置的免费救助站，这样的救助站全世界共有6个。

从埃塞俄比亚回来以后，我们募集到的捐款数额超乎想像，救助物资超过了500吨。现在，我们的当务之急是及时将这些钱物送到难民手中。根据日程安排，我们还要在内罗毕稍做停留，以了解当地的状况。由于在巴黎错过了登机时间，不得不多待了一天。我来到市中心，到因电影《新桥恋人》而闻名于世的新桥站了会儿，看了看街头画家的作品。如果我是来巴黎旅行，也许会画张肖像画，或者去享受购物的乐趣，然而这次我却没有丝毫兴致。这也让我体会到，由于一个人的目的不同，他的心情也会不同。

肯尼亚的首都内罗毕是个旅游城市，市区内的酒店豪华整洁，周围有很多霓虹闪烁的酒吧，看上去一点不像非洲。不远的地方有一家咖啡农场，我们的目的地就是那里。

一望无际的田野上，年轻的姑娘们正在采摘咖啡的果实。看起来她们都是十五六岁的姑娘，然而大部分都已经成了孩子的妈妈。有位姑娘背着孩了，肚子挺得很高，看来是又怀孕了。听说在这里工作的大多是年轻姑娘和小伙子，两性关系非常混乱。白天工作，晚上还能做什么呢？青春毕竟遏制不住。而且，这里也像韩国，人们普遍认为孩子出生时自己带来了口粮，因此认为每个地方都有很多孩子也是理所当然的了。

我走进他们居住的窝棚看了一下。在这个大约五六坪(16至20平方米左右——译注)的地方，住了12个人。两个是母亲，其他的都是她们的子女。母亲生了孩子，她的孩子又生了孩子。正在给孩子喂奶的15岁妈妈是这个家庭的长女。她很可怜，但是又令人寒心。在这个连隔板都没有的窝棚里，他们怎样表达爱意呢？这个农场的情况似乎比埃塞俄比亚稍好一些，然而他们也只能达到饿不死的水平。

如果在这片辽阔的土地上种植菠萝或香蕉，会不会比现在生活得好些呢？可是这里的农场几乎都是外国人投资，当地人只是被廉价雇佣的劳动者。然而值得欣慰的是，他们毕竟不用饿肚子，而且孩子们也可以尽情地玩耍。孩子们把易拉罐当成小鼓敲个不停，兴高采烈地跳舞。这些孩子们的未来会是什么样子呢？不管怎么样，他们现在玩得很开心，谢天谢地。

第二天凌晨5点，我们动身赶往肯尼亚的威尔逊机场，准备去索马里。威尔逊机场就像个简易的乡村火车站，小型飞机整齐地排列在茫茫的晨雾之中，救助物资堆得像小山那么高。那些飞机好像是用来运送救助物资的，我们也上了其中的一架。到达索马里需要3个小时，我们都吃了预防眩晕的药。也不知道我的身体是什么体质，上次在埃塞俄比亚乘坐小型飞机的时候，机体摇摇晃晃的，我不但没有什么问题，反而感觉很刺激。这次也只有我一个人没有吃药，只是感觉头稍微有点儿晕。

飞行员是个身穿白色T恤、长得端庄帅气的年轻人。他冲我们笑了笑，转头看了看仪表盘，似乎在对我们说："我们会平安到达的。"接下来的3个小时里，我们几乎没说什么话，只是静静地注视着天空。这位飞行员每天要飞几个航班呢！长达3个小时的时间，他能够看见的只有一片天空。隔着驾驶席的椅子，我看到他的肩膀，显得格外孤独。

我们强忍着因气流不稳而导致的机体晃动，好不容易到达了拜多阿机场。这里简直就是个尘土飞扬的工地：手持枪支的军人，扬起灰尘飞驰而去的卡车和吉普车……真像是战场，只是没有枪声罢了。我们走出机场，坐了大约10分钟的汽车来到了检查所，里面的警卫递给我们的卡车司机两把枪。听说为防止有人抢夺救助物资，这里的每个人都做好了防范措施。

在灰尘漫天的道路两侧，到处都是快要坍塌的房屋和被火烧过的汽车。路上迎面开来的物资分配车、载有持枪军人的车辆和检查所，都和战场没什么两样。

人、坍塌的房屋和军人的钢盔，无不蒙上了厚厚的灰尘。天地万物都显得雾蒙蒙的。我坐在没有车棚的卡车里，脸上肯定也是脏兮兮的吧。

太阳像火球似的炙烤着大地，用木板和塑料简单搭成的窝棚周围盛开着像是紫茉莉的红花，放眼望去，繁花似锦，争奇斗艳。

“我是在拍电视剧吗？这里是摄影棚吗？”

这个念头突然掠过我的脑海。我真希望这里是拍摄结束即将拆除的摄影棚。第二天，也许就可以拍摄某个幸福的家庭，孩子们和小狗在鲜花盛开的庭院里玩耍，爸爸和妈妈正在喝茶。

然而这里并不是外景拍摄地。这里只有血腥的死亡，只有被子弹击中四肢截瘫的孩子们痛苦的呻吟，只有充满痛苦的灵魂。所有这些都不是为了拍摄电视剧而做出的道具，头上的绷带渗透出的鲜血也并不是番茄酱，震耳欲聋的枪声绝对不是效果音。这是活生生的现实啊！

惟有死者方可看到战争结束

这是世界上惟一一个出入自由的国家。如果你去别的国家，都在机场和边境设有出入境审查机构，必须加盖确认图章才能出入。然而有一个国家却不需要这样。这个国家没有机场，甚至也没有申请出入境的地方，更惊人的是这个国家没有政府。

听起来像是理想之国，然而该国却被称为“地球上的人间地狱”。如果把非洲版图比作体态庞大的野牛，那么东部有个突出的部分可以看做牛角。这里就是索马里。

索马里的版图地形细长而狭窄，邻近肯尼亚和埃塞俄比亚，北接也门，东邻印度洋。索马里真正的价值在于它位于苏伊士运河入口处。由于与中东地区相连接，该国大部分人民都是回教徒，在种族战争爆发和联合国干涉之前，他们大多数都是游牧民。索马里的国土面积是朝鲜半岛的3倍，然而只有中南部地区有条朱巴河为农业灌溉提供丰富的水源，其余全部都是无用的沙漠。古代埃及人认为索马里是以硫磺和香料闻名于世的神秘之地。

众所周知，驻肯尼亚和坦桑尼亚的美国大使馆爆炸事件以及纽约的“9·11”恐怖事件之后，美国认定幕后操纵人物为本·拉登，并且怀疑他的基地组织在索马里设有训练基地。于是，阿富汗战争无功而返之后，美国又将矛头指向了索马里。因此，全世界再次关注到这个不幸的国家。

联合国官员甚至称索马里为非洲的黑洞。

因为索马里是游牧民的国家，所以国名有“挤奶者”的意思。从19世纪开始，索马里的北部和南部分别沦为英国和意大利的殖民地。1960年独立的时候，索马里被全世界看好，甚至被标榜为非洲最成功实现安定的模范。那时，各个部族统一使用一种语言，并且团结在惟一的宗教伊斯兰教之下，没有纷争，生活幸福而安稳。

但是，索马里独立之后，穆罕默德·西亚德·巴雷掌握了政权，实行了长达22年的独裁统治。于是，反政府势力拿起武器开始了反抗。由于绵延数年的部族战争带来了大饥荒，再加上几次干旱，最后造成了30万人饿死的罕见惨剧。1991年，在极度混乱和无政府状态之下，总统穆罕默德·西亚德·巴雷受到叛军势力的攻击，被迫流亡国外。

然而，从此以后，问题反而变得更为严重了。索马里叛军为了争夺权力而分成几个派别展开了持久的内战。特别是穆罕默德·法拉·埃迪德，作为势力最强的军阀，不仅占领了首都摩加迪沙，而且还把侵吞的国际社会援助索马里饥民的物资全部用来购买武器。

为了维护救援物资，国际社会派遣了以美军为主的联合国维和部队。由于索马里的地理战略价值在于足以监控印度洋和红海，因此美国希望在这里培植亲美政权，并火速派遣了两万名海军。此后，救济粮食可以安全地配发给索马里难民，社会也重新恢复了安定。

1993年4月，美国海军撤兵，叛军司令埃迪德随即向联合国维和部队宣战，导致了24名巴基斯坦军人死亡，还没来得及撤离的美军也成为攻击的目标。为了逮捕埃迪德的内阁政府官员，美军于同年10月3日向埃迪德控制的首都摩加迪沙腹地派遣120名特种部队战士，出动最尖端的黑鹰战机和运输车辆，展开了军事行动。

从海岸的美军基地到索马里首都摩加迪沙只有3分钟的路程，所以美军认为只要1个小时便可以完成任务。但是，索马里的民兵组织却有着非凡的战斗力。战斗从下午4点钟开始，直到第二天清晨6点仍未结束。更为严峻的是，在行动的前20分钟内，便有两架最尖端的黑鹰直升机被民兵组织用肩扛式导弹击落。第二天，CNN(美国有线电视新闻网)播放了美军突击摩加迪沙的录像资料，画面中，愤怒的索马里人拖着被剥光衣服的美军尸体游街，并大肆凌辱。这些血腥和残忍的画面激起了全世界的震惊。据统计，在这次行动中，美军方面阵亡士兵有19名，负伤者80人，而索马里的伤亡人数则超过了1000人。

这是美军在越南战争之后遭受的最严重创伤，美国政府对这次耻辱事件缄口不语。这次军事行动过去3年之后，美国新闻记者马克·博登走访了当年参加这场激战的12名特种部队士兵，并且冒着生命危险游走于索马里收集素材，后来写出了名为《黑鹰坠落》(*Black Hawk Down*)的作品。2002年，著名导演雷德利·斯科特(Ridley Scott)将这部作品改编为电影，搬上了大银幕。雷德利·斯科特是科幻电影大师，他的《异形》和《汉尼拔》被誉为科幻电影的教科书；2001年，他执导的《角斗士》更以其辉煌的场景设计获得当年奥斯卡金像奖。《黑鹰坠落》获得了2002年第74届奥斯卡金像奖包括最佳导演奖在内的4项提名，并最终斩获了最佳剪辑奖和最佳音响奖。

这部电影的后记如是说：美军发现难以在当地培植亲美政权，于是撤出了索马里。

现在，黑鹰战机的残骸被当成了游乐场，天真无邪的孩子们在里面嬉戏玩耍。当然，索马里的内战依然在继续。虽然索马里也有总统，但是几乎没有人服从，过渡政府只能统治局部的领土。叛军主张摩加迪沙机场是自己的领地，所以飞机不能在这里降落。如今，不管索马里事态演变成什么样的悲剧，都没有国家愿意往这里派遣军队了，因为全世界都目睹了美国的遭遇。不仅索马里是这样，就是在1994年，当卢旺达50万名难民惨遭屠杀时，各大强国想到"黑鹰坠落"事件，也只是袖手旁观了。

如此恶劣的环境里，只有那些作为个人前来的志愿服务者在为拯救苦苦挣扎的垂死者不辞辛劳地工作。60岁的意大利籍人道主义者安娜莱娜·托内利便是其中的一个。然而，在2003年10月5日，在索马里北部的博拉马，当安娜莱娜·托内利走出自己创办的结核医院时，不料遭到早已守候在外面的壮汉的枪击，当场身亡。据目击者声称，凶手对准安娜莱娜·托内利的额头连发两枪，然后逃之夭夭。

安娜莱娜·托内利在她如花似玉的27岁便开始了救助索马里贫民的工作。最初，她在索马里难民聚居的肯尼亚东北部开展扫盲运动，亲眼目睹了人们遭受结核病折磨的现实。她为了帮助人们实施治疗，便开始专门学习热带医学、结核病和麻风病。1986年，她远渡重洋来到索马里。后来，在亲戚和熟人的帮助之下创办了能够容纳200张病床的结核病医院，并为之奉献出了毕生的精力和宝贵的生命。

她的忘我工作的献身精神深深地感动了当地居民。后来，他们把凡是来自西方的志愿服务人员都称作"安娜莱娜"。大部分在非洲活动的救助人员都从属于某些援助组织，工作中可以得到报酬。然而安娜莱娜的活动非常独立，没有任何组织和团体的帮助，只以个人筹集的资金进行独立的援助活动。

为了表彰安娜莱娜的业绩，2003年4月，联合国难民署授予她有"国际援助活动诺贝尔奖"之称的"南森奖"奖章。

至于杀人凶手，也仅仅被推定为仇视安娜莱娜所倡导的女权运动，如今依然逍遥法外。曾经与安娜莱娜一起工作过的联合国难民署工作人员这样说道："安娜莱娜从来不认为自己的非洲生活是一种牺牲。她说'世界上谁也享受不到如此美好的生活'，所以她是幸福的。"

时至今日，索马里已经变成了饥饿、绝望和看不见光明的黑暗世界，是混乱和无政府状态的代名词。一个索马里青年曾经这样说过："虽然可以在地图上找到索马里，可是这个国家已经名存实亡了。"

索马里首都摩加迪沙就像个巨大的蜂巢，建筑物的四面八方都布满了密密麻麻的弹孔。这里找不出一座完整的建筑物，大部分都在子弹的洗礼和残酷的炮火中成了废墟。道路毁坏了，甚至难以出行。即使是光天化日，强盗依然横行，抢劫事件层出不穷，只要你稍不留心，恐怕连一只袜子都可能被抢走。如果没有荷枪实弹的警卫人员，真是寸步难行。汽车没有车牌，也没有玻璃窗，几乎每辆车身上面都是斑斑驳驳的弹孔。索马里没有政府，即使遭到抢劫，也没有报警的地方。这里简直就是无穷无尽的黑洞。

为了肆意展开恐怖活动，基地组织在这里设立了训练营，吸引着那些没有饭吃的年轻人蜂拥而至。无论怎么看，索马里都是个毫无希望的国家。水停了，电断了，甚至人也没有了灵魂，这个国家就是索马里啊！因持续十余年的内战，100万人失去了生命，然而十几名叛军领袖仍在为政权苦心钻研战争，战争！

有位名叫杰克·凯利的新闻记者通过实地采访，亲身见证了索马里的悲剧。他这样写道：

记者一行人来到了首都摩加迪沙，当时正是饥饿非常严峻的时期。当我们走进了某个村庄时，却发现这个村庄的居民全部死光了。后来，记者在村子的一个角落发现了一个奄奄一息的小男孩，男孩的身上爬满了虫子，营养失调让他的肚子显得鼓鼓囊囊。他的头发全被血染红了，皮肤就像是百岁老人一样干巴。

恰好有位摄影记者带了个水果，于是递给这个男孩。不料男孩太虚弱了，竟然连拿水果的力气也没有了。记者只好把水果切开两半，一半又给了男孩。

男孩接过水果，用眼神示意表示感谢，然后强撑着摇摇晃晃的身体就进了村了。记者等人尾随在他身后他也没有察觉。男孩走进村子的时候，有个看上去已经死亡的孩子躺在泥土中。孩子的眼睛紧闭着，他是男孩的弟弟。哥哥跪倒在弟弟身旁，用嘴咬下手中的水果，并细细地咀嚼，然后，哥哥撬开弟弟的嘴唇，再将已经嚼碎的水果喂了进去。哥哥抓住弟弟的下巴，帮助他张口闭口，进行咀嚼。

记者们事后得知，为了救活弟弟，这位男孩已经这样做了半个月。几天之后，男孩因营养不良而死，然而他的弟弟却奇迹般活了下来。

这就如影片《黑鹰坠落》开头的字幕所引用的柏拉图的一句名言：“惟有死者方可看到战争结束。”

没有眼泪的孩子

我们一行人走下小型飞机，这里距离救济站还有40分钟的车程。这么远的路，饥民们却都步行前往救济站，就是为了得到一碗营养粥。不过，还有更多的孩子连来这里的力气都没有。

所谓的救济站就是个周围竖起四根柱子，上面搭了个帐篷的简易设施。为了遮挡毒辣的阳光，也只能这样做了。木柴在燃烧，煮粥的大锅前有很多人排队等待着，其中大部分都是小孩子。孩子们的四肢细如鸟足，肚子却全都胀鼓鼓的。走了这么远的路，孩子们好像都虚脱了，一个个面无表情。

我感觉身后有人用手指戳了我一下，回头一看，有个裹着头巾的女孩正指着自己的嘴巴。我近身一看，发现她的口腔都腐烂了，散发出刺鼻的臭味。即使眼前摆放着山珍海味，这个女孩也难以下咽了。都这个样子了，她还是来到了救济站。听说这也是营养不良引发的症状之一。

救济站旁边撑了个小小的帐篷，里面是免费医疗的地方。那里也有很多抱着孩子的妈妈列队等候。医生们用布巾包起孩子，钩在大杆秤上称体重，然后在孩子们的脖子上挂一块写有"营养不良"字样的牌子。

一个抱着孩子打针的妈妈和我目光相遇，却又慌忙把目光转向别处。孩子骨瘦如柴，注射用的针管几乎比他的胳膊还粗。针头插进肌肉，孩子竟没有发出一丝哭声。妈妈在旁边看着，眼里含着盈盈欲滴的泪珠。我宁愿看到孩子"哇哇"地放声哭喊，那也比眼前的场景会让我心里好受些！写到这里的时候，我的鼻子又发酸了。直到最后，孩子也没有哭，因为他连哭的力气都没有了。一旁的妈妈也不能为孩子做些什

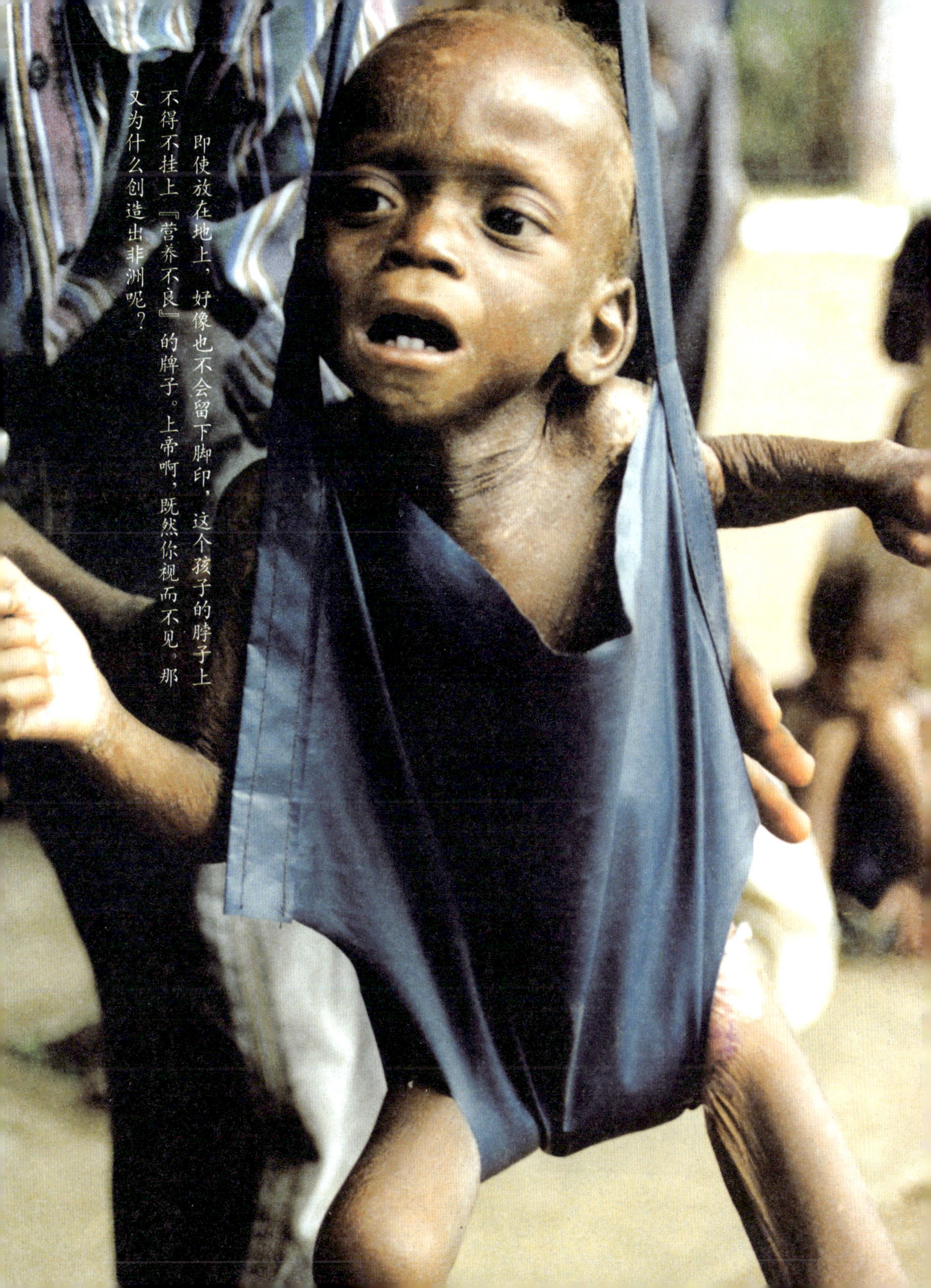

即使放在地上，好像也不会留下脚印，这个孩子的脖子上不得不挂上『营养不良』的牌子。上帝啊，既然你视而不见，那又为什么创造出非洲呢？

么，只是抚摸着孩子的头，把位置让给排在后面的人。

200韩元(相当于人民币1.6元——译注)就能买到输液用的生理盐水，挽救因严重腹泻而出现脱水症状的孩子。800韩元(相当于人民币6.4元——译注)就能买到高含量维生素A，避免孩子们因为营养不良而失明。1万韩元(相当于人民币80元——译注)就能提供给1个即将饿死的非洲人吃1个月的粮食。维持生命的最低饮食量是每个月10～20公斤玉米，1公斤黄豆，还有0.5公斤蔬菜。因为没有这些最基本的食物，3000万人正在死亡边缘徘徊。

结束治疗以后，每个孩子可以分到一根香蕉。原本有气无力的孩子们一看到香蕉，便猛地夺过来，并揣进怀里。为了再得到一根香蕉，有个孩子回到打针队伍的最后面继续排队，结果被护士发现了，然而护士还是悄悄递给他一根香蕉。

当地的医疗队成员大多是来自美国、澳大利亚等发达国家的医护人员。看到他们，我仿佛看到了朦胧的希望。仿佛他们面对的是自己的孩子，轻轻地拍打着他们凸起的肚子，冲着男孩子做出拳击的动作；如果是女孩子，就说她们真漂亮，真可爱，而且安慰她们说肚子很快就会缩回去。原本面无表情的孩子们在医护人员面前露出了淡淡的笑容。整整一天，医生们都顶着烈日为孩子看病，护士在旁边往孩子们的胳膊上涂抹消毒药物……看着他们，我突然产生了这样一个不可思议的念头："我也要留在这里，做个护士。"

不懂英语也没关系，往胳膊上涂消毒药，或者往孩子们的脖子上面悬挂写有"营养不良"字样的卡片，这些事情我还做得了。当时我只是随便想想，不料现在我仍然常常产生这样的念头："等我的演艺生涯结束以后，我要去非洲，和贫穷的孩子们一起生活。我要忘掉世俗的一切，尽可能地多拥抱几个孩子，就这样度过我的余生。"

那天，我负责给孩子们盛粥。我很想多给他们分几勺，然而后面还有太多的孩子在等候。我盛粥时，因为不小心烫了手，感觉好疼啊……然而这里多的是嘴里腐烂，吃不下东西的女孩，腿肿得犹如大象腿的

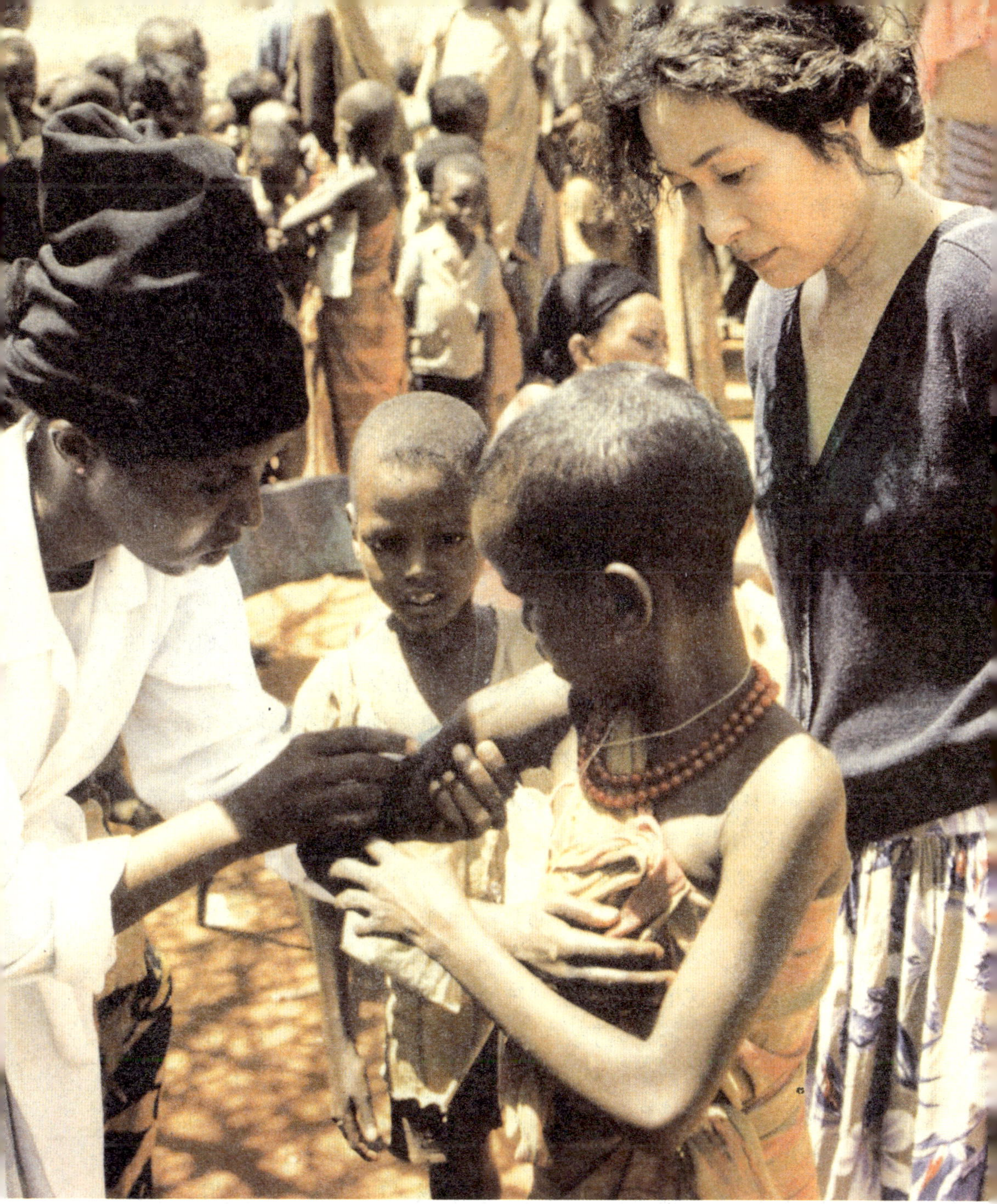

人类一年用于化妆品的消费是180亿美元，用于香水的消费是150亿美元，用于饲养宠物的消费是170亿美元。与此同时，孩子们却死于传染病的侵害。只要有1万美元，就能使这个城市的所有孩子接种疫苗……

人，在他们的痛苦面前，我却因为被热粥烫着了手而大惊小怪。我不由得为自己的脆弱而感到内疚和惭愧。

有个看上去只有6岁左右的男孩子背着两岁左右的妹妹也在排队等粥。妹妹的身上很脏，脸蛋却很漂亮，所以我猜测她是女孩。她生怕自己从哥哥的背上掉下来，瘦巴巴的小手紧紧地抓住哥哥瘦骨嶙峋的肩膀。他们的父母都死于这场内战。他们的未来又该怎么办呢？

还有个男孩用手舀粥，吃完以后，呆呆地盯着我看。他的眼神是那么惹人怜惜，我把他搂在怀里，孩子很自然地把手放在我的胸前，就像躺在妈妈的怀抱里。我抱了1个多小时，但因为孩子太瘦了，我抱了那么久，胳膊也没觉得累。这更让我难过。我在心里默默地想：可怜的孩子啊，你太瘦了，放在地上都不会留下脚印，你只剩下灵魂了。

可是我又不能这样抱着他一辈子。这个瘦弱的孩子啊，仿佛躺在妈妈的怀抱里，然而我必须放下他了，因为索马里根本就没有我们过夜的地方，早晨载我们来到这里的小型飞机已经在等候我们了，我们就要飞往肯尼亚了。我把孩子放到地上，他仍然在后面跌跌撞撞地跟着我。直到现在，我还难以忘记那个孩子瘦小的身影。

我不明白，上帝为什么要创造非洲。既然他对非洲的悲剧视而不见，当初又为什么要创造它呢？

坐在小型飞机里，我们以三明治和水充当迟到的午餐。早晨只喝了一杯水，我早已饥肠辘辘。只不过一天没吃东西，就感觉如此饥饿，我再次对自己的脆弱感到羞愧。

我在心里对这里的孩子说："孩子们，你们一定要活下去。我已经将你们深深地刻在我的心里了。等我回到我的国家，我会把你们的情况如实告诉人们。我们国家的人民都很善良。中秋节或者别的节日，我在去孤儿院之前，我都会到首尔南大门市场买衣服，卖衣服的人们每次都给我多出几倍的衣服。我们国家有那么多富有爱心的人，他们肯定会帮助你们。而且，整个世界都在关注着你们。孩子们，一定要坚持住，千万不要死啊。"

泪水已经干涸

从索马里回来之后的第二年，我去了卢旺达。作为一名演员，如果拍摄的电视剧自己不能投入，也无法贴近观众，就会感到身心疲惫。那年春天，我和美国20世纪60年代的著名影星托尼·柯蒂斯合作演出了一部索然无味的电视剧。对于这次合作，除了记得自己的搭档是托尼·柯蒂斯，别的什么印象也没有了。6个月的拍摄结束后不过五六天，我又要赶去非洲，真的有些力不从心。出发前一天，我还要录制《田园日记》，这是我有生以来最疲劳的日子，因为这次的行程排得太紧了。但是，我不能拒绝。只要是为那些孩子，什么事情我都愿意做。

为了能在飞机上好好休息一下，我随身带了安眠药。没想到的是，我们所乘坐的法国航空公司的班机，飞行员的妻子是位韩国人，所以我受到了盛情的款待。为了省钱，我们一行人选择了经济舱，然而飞行员的妻子却要把我的座位换到商务舱。我觉得对于同行的人们来说，我这样做有点不好意思，便竭力推辞。可是由于实在太累了，最后我还是换了过去。美丽的飞行员夫人不仅带我参观了驾驶室，还千方百计让我感觉愉快。她是个既可爱又幽默的女人。她说她的法国籍丈夫，也就是飞行员，希望她能一同飞行，所以她常常跟着丈夫坐飞机，夫妻两个几乎每天都住在飞机上。

她告诉我，飞机里面很干燥，所以每两个小时必须喝水，脸上还要常搽营养霜。她说完，叫我不要动，然后给我拿来一瓶水，还有各种果汁饮料，放在我的旁边。她还让我喝杯香槟酒。我平时不喝酒，但这次

通过渴望就能得到的东西太少太少了。不管我们想要什么，都要通过实际行动去争取。

难辞她的盛情，于是喝了一点儿。没想到香槟的味道很好，我的心情也跟着好了起来。

刚才在经济舱的时候，有个男人说见到我很高兴，问我去哪里，我说去卢旺达看望那里的难民。他说，那我应该帮助他们才对啊，于是给了我1万韩元(相当于人民币80元——译注)。其实钱多钱少不是问题，他的心意很值得感激。同时我又想，对于乘坐法国飞机的人来说，1万韩元算得了什么呢？也许他是去国外，因此身上的韩元带得不多。不过，这的确是我为卢旺达收到的第一笔捐助金。

飞行员的妻子又拿来饮料，并对我说：

“这里的法国男乘务员们说你很漂亮，我告诉他们，你是韩国最优秀的演员。”

安眠药毫无效果。

还是和上次一样，我们先到巴黎，在机场停留6个小时左右，再飞往肯尼亚。那里不知道有多少悲惨的事情正等待着我们。从韩国到巴黎需要13个小时，现在还剩下8个小时了。

我翻来覆去，半睡半醒，总算熬到了戴高乐机场。在机场停留的6个小时实在是无聊之极，心情非常郁闷。客机飞往巴黎的时候，外面是白天，我在半梦半醒之间度过。抵达巴黎的时候也是白天，我蜷缩在机场候机室里的长椅上睡着了，就像无家可归的流浪者。

终于乘上了飞往肯尼亚的航班。到肯尼亚大约需要8个小时，当时是黑夜，虽然没吃安眠药，汹涌的困意却朝我袭来，于是我决定把药留下来，等回首尔时再吃。我真的好累啊，到巴黎13个小时，在巴黎机场里等了6个小时，从巴黎到肯尼亚8个小时，总共27个小时，我都没能平躺下来睡一觉。

抵达肯尼亚首都内罗毕后，吃了早饭兼午饭，别人都要去参观国立公园。我太累了，只想休息，就让他们帮我买点儿水果回来，并和他们约好晚上8点钟一起吃晚饭。

在一家韩国人经营的饭店里吃晚饭的时候，我听说卢旺达的难民乘船来这里，常常发生翻船事故，基伍湖里打捞出了很多尸体。

第二天早晨7点钟，我们出发前往卢旺达，并且打算在那里停留3天。肯尼亚通往卢旺达的道路简直就是“通往地狱之路”。乘飞机的地方就是上次去索马里时的那个机场。前往非洲其他国家的人，大都要在肯尼亚转乘小型飞机。上次我们去索马里的时候是凌晨5点钟，机场里弥漫着浓浓的大雾和灰尘，四周漆黑，好几架小型飞机整齐排列，救助物资堆积如山，那种紧张感就像形势紧迫的战场。虽然还是这个地方，但是由于这次没有持枪的军人，而且天也亮了，让人感觉机场很小，很简陋。

无穷歌难民营是世界上最大的难民营，有近百万难民生活在这个拥挤不堪的巨大垃圾场里。

我们要去的第一站是靠近卢旺达边境的刚果民主共和国的戈马市。虽然坐的是小型飞机，感觉却像是乘坐10人小巴士。到戈马需要两小时零十分钟。从那里坐卡车，我们去了位于戈马南部的无穷歌难民营，那里聚集了将近100万名难民。

无穷歌难民营简直就像个巨大的垃圾场。前一天夜里下了雨，道路泥泞不堪，到处都是腐烂的垃圾和污物，散发着让人难以忍受的臭味。人们相互拥挤，就像生活在一个巨大的垃圾桶里。他们不是动物，而是活生生的人啊！

卢旺达是个美丽的国家，卡里辛比山等许多海拔超过3000米的高峰将它团团包围，很久以前来到这里的德国探险队甚至将这里称为“非洲的

如果你的冰箱里有很多食物，有衣服，头上有屋顶，还有地方可以睡觉，那么你就比世界上75%的人过得幸福。

瑞士”。卢旺达是个很小的国家，面积只有韩国的1/10。

卢旺达的西边是占国土面积1/10的巨大的基伍湖，东南部分散着好几个碧波荡漾的小湖，既有耕地，又有牧地，许多牛羊在那里吃草。山峦叠嶂，树木茂盛，草原地带栖息着很多野生动物，包括大象、狮子、黑猩猩、水牛、羚羊、疣猪、斑马等等。东部的卡盖拉国家公园和牧塔拉禁猎区生活着大量的稀有野生动物，比如大穿山甲(食蚁兽的一种)等。此外，还有山地大猩猩栖息的国家火山公园。

卢旺达保留了古老的传统文化，如敲鼓，弹奏弦乐器，举行与诞生、死亡、结婚、秋收、打猎相关的仪式，口头文学也很丰富。他们缝制的布料、编织的篮子都很出色，艺术性很高。我曾在卢旺达的国立博物馆参观过他们的传统艺术品，忍不住连连赞叹。

古时候，卢旺达境内居住着以制造餐具和打猎为生的俾格米族。但是从公元8世纪开始，农耕民族胡图族迁徙于此，将俾格米人赶进了山林，才建设了今天的卢旺达。到了14世纪初，放牧长角牛的游牧民族图西族从尼罗河流域进入卢旺达。饲养家畜的图西族虽然人数不多，但是他们拥有精湛的军事技术，而且以借长角牛给农民为由，统治起了农耕民族胡图族。少数人统治多数人的金字塔结构一直持续到1916年比利时占领卢旺达。

和非洲大部分国家一样，因为殖民强国的野心，卢旺达也被蹂躏得千疮百孔了。殖民地时期，少数部族图西族成为比利时人的傀儡，势力更加强大。但为了牵制图西族，比利时又扶持下层阶级胡图族，壮大他们的势力。

卢旺达独立之后，胡图族夺取并掌握了政权，在很长的时间里对曾经压迫自己的图西族实施了大规模的屠杀政策。原因是长期遭受少数民族图西族欺压的胡图族利用掌握的政权企图灭绝图西族。在这场残酷的种族大屠杀运动中，数万名图西族人被杀，还有很多人逃亡到了邻国。

20世纪80年代后期，国际市场的咖啡价格下滑，加上严重的干旱导致连年歉收，卢旺达的经济状况急剧恶化。1990年，逃到乌干达的图西族组成军队，卷土重来。后来，两个种族通过协商达成了和平条约。不料，激进的胡图族领导人拒绝权力分配，单方面撕毁了条约。胡图族激进主义者向求稳派总统乘坐的飞机发射导弹炸死总统，然后栽赃给图西族，并在接下来的几个月里，杀害了50万名图西族无辜平民。为了将图西族斩草除根，还杀死了大量图西族的少年儿童。他们甚至公开叫嚣："要想消灭大老鼠，必须先消灭小老鼠。"这简直是震惊世界的灭绝大屠杀。因此，卢旺达一半以上的人口沦为难民。

没过多久，内战再度爆发。图西族对胡图族的大屠杀政策进行反击，并最终击败胡图族，重新掌握了政权。胡图族人害怕图西族会报复，于是大举渡过基伍湖，逃到了邻国刚果民主共和国。他们现在聚居的地方，就是靠近卢旺达边境的刚果民主共和国的戈马难民营。

虽然图西族政府宣称自己不会报复，让胡图族回来，但是胡图族人自知罪孽深重，不敢重返卢旺达，只好继续生活在这样的垃圾场，因为他们也知道自己的族人曾对图西族人做了太多残忍的事情。不过，聚居在难民营里的大部分是与屠杀毫无关系的农民。

这里还有个孤儿院。一个瘦巴巴的十几岁少女看着里面的孤儿们，显得失魂落魄。其实她已经不是少女了，而是痛失丈夫的妻子，同时也是一位失去3个孩子中的两个的母亲。她长得太瘦弱了，显得年龄很小，别人都以为她是小女孩。她仅剩的一个孩子被收进了这家孤儿院。她没有信心养大自己的孩子，可是又不能接走，因而只好每天来到孤儿院门前，独自坐着发呆。

我还见过一个女人，丈夫和8个孩子中的两个死了，还有一个下落不明，她带着剩下的5个孩子一起生活。他们住在用稻草做墙壁、塑料膜做屋顶的窝棚里。每逢下雨的日子，他们就冷得瑟瑟发抖，还必须抓住塑料膜，以防屋顶掉落。这哪里能算是房子啊。最小的孩子正发高烧，额头滚烫，不停地咳嗽。孩子一生病，妈妈恨不得能代替孩子受苦。

这些孩子也有跳动的心脏和飞扬的梦想。他们不应该成为战争伤亡者的统计数字。

难民营成立于春天，有的孩子就出生在这里，因此很多人都患有霍乱、痢疾、脱水、肺炎、感冒等各种疾病，孩子尤其严重。我看到一个两岁左右的孩子躺在医疗所的帐篷里，由于手臂瘦得连针也扎不进去，输液针只能扎在额头上。

妈妈坐在孩子身边，除了帮他驱赶到处飞舞的苍蝇，再也无力为他做些什么了。医生说，这个孩子脱水严重，可能没有希望了。我抚摸着孩子，情不自禁地喃喃自语："我以后再也见不到你了，我的心情虽然无法和你的妈妈相比，可是我的心也好痛啊。你为什么要出生？既然这么早就要离开，为什么还要来到这个世界？"

望着即将死去的孩子，我的眼里已经流不出泪水了。刚来非洲的时候，我的眼泪仿佛能够打湿整片土地。如今，我已经目睹了太多太多的残酷现实，泪腺也干枯了。可是，我仍然情不自禁地从喉咙深处发出近似哭泣的呻吟声。

抬着担架的人们不断从我身边经过，担架里的人都已经死了。有的是小孩，有的是大人，他们一个个就这样走向死亡。在这样龌龊的地方，孩子们的抵抗力怎么可能支撑得了？这里简直就是地狱！

凡是在这里工作的救助人员，几乎每个瞬间都要做出艰难的决定。当他们看到某个人的病情极度恶化，不可能救活的时候，那就需要决定是否继续治疗。有位志愿者这样说道：

"我们怎么能对某个病人说'我们帮不了你，你可能会死'这样的话呢？可是在这里，我们每天都要这样说，这就是现实！"

一个拉着丈夫的手的年轻妈妈，当听到医生对自己做出"没有必要继续治疗"的诊断后，立刻吐出最后一口气，魂归西天了。对于难民营里的百万难民来说，这是再平常不过的事情了。她的尸体也和死在她前面的1万多具尸体一样，被扔进崎岖不平的黑色火山岩中的一个大墓坑。

1995年，普利策奖的新闻摄影奖授予了美联社的摄影记者杰克琳·阿尔茨。在他拍下的那张获奖照片中，卢旺达的孩子们排队等候接种疫

世界上最遥远的距离是头脑到心灵的距离。从头脑移动到心灵，有人需要耗费毕生的时间。

苗，有个孩子连站立的力气都没有了，只能趴在地上等待。那个场景真是催人泪下。

距离卢旺达首都大约30公里的地方，有一座哈拉玛教堂。其实它已不是教堂了，而变成了一座公共墓地。更准确地说，应该是一个屠杀现场，5000多人在这座教堂里惨遭杀害。原来，图西族人为了躲避屠杀，逃进了这座教堂，可是被追踪而至的胡图族人用枪、刀和木棍残忍地杀光了。教堂里面横七竖八地散落着人的遗骸和烧成灰烬的《圣经》、被褥，以及衣服。这个残忍无度的屠杀现场散发出刺鼻的臭味。但是为了让后人永远牢记那场惨剧，哈拉玛教堂一直保留着当时的屠杀现场原状。教堂的墙壁上刻着一位游客留下的字句：

“上帝啊，请不要宽恕他们！”

我的心留在了非洲

基伍湖非常美丽，水平线显得遥远而苍茫。辽阔的湖畔坐落着许多残破的别墅，可以推断以前这里应该是富豪们的休养胜地。如今，这里已经败落了。

直到一个月以前，基伍湖还是霍乱的源头。如今在各个国家的援助之下，这里建设了净水场，据说霍乱因此已得到有效控制。我在净水场里看见有个眉清目秀、长得像电影演员的小伙子，面带微笑，正给排着长队的难民盛水。看样子他非常喜欢自己的工作。

我终于回到了内罗毕的宾馆。因为早晨离开的时候，只是简单地喝了杯牛奶，直到下午5点钟还在忙着照顾孩子，我已经精疲力竭了。那天我出了很多汗，特别想冲个热水澡，然而当我走进浴室放水的时候，却感觉冷飕飕的，只有凉水流出来，很快凉水就变成了淡红色的泥汤。我只好用凉水简单地洗了洗脸，然后就躺下休息了。

因为7点钟还要在窝棚里吃晚饭，所以我只有两个小时的休息时间。我真的好累，感觉连手指也不能动了。虽然我曾经去过许多国家，但是从没有像现在这样想家。那天，我悄悄地哭了。

好不容易振作精神，我又跟随大家去了窝棚。那天我吃得太多了，肚子鼓得就像青蛙。白天在难民营服务的人们也都赶了过来。我在白天见过的少女志愿者凯莉，那时候她穿着牛仔裤和宽松的T恤衫，忙于照顾孩子，此时此刻，凯莉飞扬着洗得干干净净而且清爽柔顺的金色秀发，穿着短裤，好像还洒了香水。她显得愉快而活泼。

手可以把彼此推开，也可以彼此紧握一起。手可以变成拳头，也可以在痛苦的时候伸向对方。

我对她说：

“看着像你这样美丽的女孩子这么辛苦，我感觉好心疼。”

她却回答道：

“我从小的梦想就是成为一名志愿者。”

话刚说完，凯莉突然扑进了我的怀抱。我很惊讶，连忙问她怎么了，她回答说想妈妈了。多么可爱的凯莉啊！她说自己要在这里服务6个月。我衷心希望她儿时的梦想能圆满完成。我轻轻地拍着凯莉的后背，好像拍着自己的女儿。

吃完晚饭，我们坐在阳台上休息，突然间电闪雷鸣，大雨倾盆而降。天地漆黑一片，只能看见面前的大树在风雨中摇曳。我忽然想起了电影《呼啸山庄》。男主角怀抱着死去的恋人喃喃自语：“如今她终于属于我了……”那个夜晚，夜空里仿佛弥漫着甜蜜的哀愁。

第二天早晨，我来到院子里散步。尽管我们住的房屋早已破旧不堪，尽管天气酷热难当，然而某种类似爬墙虎的藤蔓植物依旧沿着破败的墙壁攀缘，并盛开着火红的花朵，将这座房屋装点得异常美丽，犹如艺术家的杰作。院子里紫花与白花交相辉映，恣意绽放的花木比比皆是。还有什么东西比大自然更神秘更神奇呢？这个国家拥有如此美丽的自然景致，可是为什么还会有这样的悲剧呢？

韩国摄影家李镇晚担任法国伽玛出版社特派员期间，曾经孤身涉险，前往卢旺达和乌干达等战区采访，后来撰文发表了个人的经历，内容如下：

卢旺达，不眠之地。经过留下巨大创伤的内战之后，它才揭开面纱，在世人面前露出了真相。我最早听说卢旺达的名字也是通过新闻。卢旺达与刚果民主共和国相邻，后者的戈马市是世界上最大的难民营。因为这里靠近辽阔的大湖，所以从地理上来说也会有大量的难民渡水而来。记录卢旺达内战的过程中，我常常感慨万千。我学会了重新审视自己，也懂得了多为别人着想。我不想奢望得到什么，只想通过自然

我在非洲领悟了这样的道理：人生的价值不是拥有，而是奉献。

的心境去感悟人间。

有个小女孩的背影深深地刻进了我的记忆。她独自站在那里，面朝自己的祖国卢旺达。也许别人难以理解她的背影为什么让我感觉如此沉重。许多饥饿的孩子，许多凄惨而可怜的孩子，他们已经渐渐淡出了我的记忆，然而这位女孩的背影却始终挥之不去。

如果初次来到戈马市，你首先会看到追逐着刚刚着陆的飞机的孩子们。我们小的时候，汽车还没有现在这样多，每每有汽车开进乡村，孩子们也会追着车飞跑。然而当我走进难民营时，这种萦绕着淡淡乡愁的感觉已经消失得无影无踪了。取而代之的是随处可见、散布各处的孩子们；拿到分发的粮食先让弟弟妹妹吃饱，然后再用所剩不多的粮食填充自己的辘辘饥肠的孩子们；伤痕累累却无药可治的孩子们；因没有食物，饿得寸步难行的孩子们……

在非洲，绝对不要当着孩子们的面掏出食物，只有通过组织和团体分发才能确保秩序不会混乱。

我在卢旺达的首都基加利遇见一位年长的美国非政府组织成员，自称参加过朝鲜战争。他告诉我说，朝鲜战争时韩国就跟现在的卢旺达差不多，并且嘱咐我不要忘记这里的人民。

刚刚来到卢旺达的时候，我没有任何批判意识，只是伪装成清高的摄影者，四处游荡，一心只想拍出好照片。但是，每天我都要问自己好几遍：“你为什么来到这个地方？”慢慢地，我好像悟出一些道理，逐渐明白是什么东西激发了我。这不仅仅因为他们是难民，也不仅仅因为他们很可怜。每当我走进他们中间，我好像变成了心无尘埃又了无牵挂的人。因为这些难民已经一无所有，所以也不会有什么私欲。这给了我很大的触动。

坐在从戈马到布卡武的小船上，我遇到了很多卢旺达的学生，就问

如果把世界人口按比例缩小为100名，那就会有50人营养不良、20人营养失调、一人处于饿死的边缘、15人肥胖。

他们如何看待自己的处境。他们的回答不是等待缓解饥饿的粮食，说目前肉体上的饥饿还可以忍受，未来精神上的饥饿才是他们最大的担心。同时，他们还拜托我不要只报道一些表面的现象，而是要向世人揭示当地灾难的根源。尽管谁都不愿意看到部族之间的内战，然而作为内战的牺牲品，他们只能坦然接受这个现实。

如今，我离开卢旺达已经好几年了。当我重新回到日常生活中，却发现如实吐露卢旺达灾难的真相并非易事。好像时间并没有真的流逝，记忆里竟然储存着我不愿再想起的部分。也许，我已经像变色龙那样渐渐适应了日益纷繁的生活。

离开戈马市的难民营后，我们乘坐了5个小时的汽车，沿途经过无数处设置的警卫岗哨，才赶到了卢旺达的首都基加利。基加利仿佛是幽灵之城，而不是人类的居住之地，所有的建筑和物体上面都布满了子弹的痕迹，宛如蜂巢。为什么要发射如此之多的子弹呢？弹孔如此密集，恐怕连建筑物里面的昆虫也死无葬身之地了。

辽阔的农田里，红茶和白菜都腐烂了，却没有人采收。戈马难民营里的人们大部分都是农民，他们在避难，自然无暇顾及自己的庄稼。路边的孩子们嚼着捡来的甘蔗皮，勉强用些许的甜水安慰自己的辘辘饥肠。

正如前面所说，卢旺达是个树木葱茏、湖光十色的美丽国家。我想，如果把韩国人迁移到这里，他们很快就能把卢旺达变成生活富裕的国家。如今，历经战乱的卢旺达，还是慢慢地恢复了元气。曾经逃难到

如果你没有经历过战争的危险、没有坐过牢、没有遭受过严刑拷打和饥饿，那么，你就比世界上5亿多人更幸福。

邻国的图西人开始陆陆续续地回来了，头脑精明的人们开始做起了生意，市场也随之出现了。

这里的宾馆也差不多。我用淡红色的凉水洗了头，别人都去吃晚饭了，而我因昨天吃方便面肚子不舒服，加之今天很累，只能留在宾馆休息。

在卢旺达，我曾经去过基加利的诊所。这所此地仅有的医院里人满为患，全部是负伤和生病的人。我在这里看到一个年仅10岁的男孩后脑勺有两处刀伤，脸颊上也有长长的刀痕，人们都以为他必死无疑，然而他却奇迹般的活了下来。但是被砍伤的脸颊神经已经麻痹了，眼睛也瞎了。为了灭绝一个种族，他们做出了惨无人道的事情，现在他们自己也在戈马市垃圾场般的难民营里，过着猪狗不如的生活。

看到成年人的卑劣行径，我真的不愿意帮助他们。可是孩子们又犯了什么错呢？如果非要说他们有错，那么他们的过错就是生在非洲。

我曾经拜访过一个家庭，墙壁上挂着全家福，一对夫妇和两个孩子，四口人带着甜蜜的笑容。然而，如今也只有照片里才有这样的笑容了。丈夫在内战中失踪了，两个孩子也都不幸罹难，孤身一人的母亲已经不再哭泣。当悲伤到了一定程度，人就没有眼泪了。

我们住的房屋后面有个巨大的坑穴，据说这是胡图族人屠杀图西族村民后挖掘的坟墓，里面埋葬着大约200人。这样的地方仅仅在这个村庄就有3处。女主人说这里埋葬着她的两个孩子，还有她的妹妹。当时他们都藏在附近的山洞里，但是被胡图族带着狗找到了，并杀死了所有躲避在那里的人。现在，他们害怕遭到报复，不敢回来。不管是哪一个民族遭到迫害，最可怜的终究是妇女和儿童。

最后一天，我去了基加利的孤儿院。这里都是父母双亡的孩子们。非洲的孩子们渴望拥抱，喜欢缠人，以致场面有些混乱。给他们气球当玩具，有的孩子吹不起来，便焦急地让我帮他们吹。我也不知道自己哪来的力气，接过所有递到面前的气球，一一帮他们吹好，最后竟然感觉头晕目眩了。我和孩子们手拉着手玩耍，别人都劝我赶快洗手。但是我不能那样做，即使得病，我也不能那样做。

“内乱导致卢旺达15万名儿童变成了孤儿，孤儿院却只有20家，能够进入孤儿院的孩子们真太幸运了。”我茫然地望着这样说的人。

我曾多次前往非洲，每次回来做节目的时候，我都会想是不是我们已经变得太麻木了，没有感情了。世界上那么多地方都在发生着这类悲惨的事情，而且距离我们又是那么遥远。可是你想过没有，那里的孩子也和我们的孩子一样，有着会思考的头脑，会感受的心灵。他们乌黑的大眼睛在倾诉着痛苦，我们又怎能置若罔闻呢？只要1万韩元(相当于人民币80元——译注)，就足够让一个孩子一个月不饿肚子。只要让这些孩子有机会长大，他们就可以凭借自己的能力生活了。否则，如果眼睁睁地看着他们走向死亡，那我们就是没有爱心的罪人。

基加利的最后一夜。

同行的人们来到宾馆院子里，我们用手电筒照明，割开矿泉水瓶，插上野花，在木椅上举行了派对。有人唱起了《我的心留在了旧金山》(*I left my heart in San Francisco*)，只是旧金山被改成了非洲。非洲的最后一个夜晚，就这样过去了。

是啊，我的心留在了非洲。回国之后，用不了多长时间我就会像变色龙一样，重新融进庞杂的现实生活。然而，非洲的孩子们却会永远留在我的心里。

第二章 哀鸣的亚洲

——上帝，你为什么让我来到人间

人有时不可信赖，有时自私自利，
尽管如此，你还是应该宽容他们；
你待人热忱，别人却认为你另有谋取，
尽管如此，你还是应该亲切待人；
你今日的所作所为，明日使可能被人遗忘，
尽管如此，你还是应该乐善好施；
你君子坦荡荡，但也可能遭小人算计，
尽管如此，你还是应该高风峻节；
你觉得自己身无长物、一贫如洗，
虽是如此，你还是应该与他人分享你最珍贵的东西。

仿佛网捉不住的风

小时候，有位叔叔常常对我说：

“你的眼睛怎么这么黑？真像印度人的眼睛！”

他还用日语叫我“印度人”。当时我年纪不大，却也对印度这个国家产生了好奇。

后来我学会了几种冥想法，有位声称可以看到前生的冥想家对我说：“你的前生是印度公主！”我当时虽然没把这话当回事，但是确实让我产生了要去印度看看的念头。

有一年秋天，我的人生突然瘫痪了。丈夫死于癌症，孩子们也相继结婚成家，有了属于自己的生活，而我的演艺生涯也逐渐平淡。我曾经拥有很多很多，对人世也不再有什么执著和留恋。从前我打算只活到19岁，可转眼之间已经50多岁了。

凯瑟琳·赫本写完自传以后，留下遗言要等她死后再出版。我不想学她写什么自传，甚至什么也不想留，只想静静地从人们的视野中消失。不是有这样的话吗？在应该离去的时候离去的人最美丽。当我到了该离去的时候，我真想毫无留恋地与世界告别。

那年秋天，随着我的心病越来越重，我给平时无话不谈的诗人打电话，告诉他说：“现在我想从这个世界上消失。”

事实上，我只是因季节的变化变得多愁善感才这样说的。然而那位诗人静静地听我说完后，非但没有安慰我，反而若无其事地说，如果想离开这个世界，选择到印度恒河附近岂不是最好？我忍不住笑了。

根据印度政府的统计数字，印度贫民家庭每天的收入是 10 卢比（相当于人民币 2.4 元——译注），每个月的收入是 296 卢比。10 卢比可以买到含热量 2200 卡路里的粮食。从科学角度来看，这些热量仅能使人免于死亡。（摄影：Steve Mccurry）

我当然知道，这位诗人每年冬天都要去一趟印度。既然说到这里，我就让他带我去了。我们要经过喜马拉雅山环绕的尼泊尔，然后再去印度。他是个崇尚自由的人，不喜欢受人干涉。我们在尼泊尔乘巴士时，他感觉车内太闷，于是额外给驾驶员塞了钱，非要坐到巴士顶棚上面。我拿他没办法，只好跟他一起爬上了巴士顶棚。我生怕自己稍不留神就会从巴士顶棚滚落到地面，于是紧紧地抓着车顶的把手。

虽然坐在顶棚上面比车内危险，但却能感觉到自由，而且路边的风景显得格外清晰，一览无余。我这才知道，怪不得他非要坐到顶棚上来呢。

当巴士行驶到拐弯处时，我怕自己会掉下去，于是紧紧地抓住了他的胳膊。他却使劲甩开我，还嘲笑我："你不是想离开这个世界吗？这又有什么好怕的啊。"那是我第一次听到如此无礼的挖苦。在我的生活中，向来都是所有人像保护公主似的保护我，从来没有人这样对待过我。可是，现在他看见我摇摇摆摆稳不住重心，不但置之不理，反而泰然自若地坐着，舒舒服服地欣赏着飘浮在远处天空中的喜马拉雅山。

无奈之下，我也只好抛弃一切恐惧，努力让自己放松。这样一来，我很自然地配合着巴士行驶的节奏找到了平衡，也可以尽情欣赏喜马拉雅山的美景了。尼泊尔的司机很怕我们掉下去，连连探头张望顶棚，车子开得小心翼翼。真是个善良的人啊！

路上经过一个检查站时，因为坐在巴士顶棚是违法行为，我们遭到了警察的制止，只好回到巴士里面。可是，巴士通过检查站不久，诗人又像松鼠似的飞快地爬到顶棚上去了，还冲我做手势，示意我也快点儿上去。虽然车开得很慢，毕竟也是运动着的，对于我这样一个柔弱女人来说，要沿着小梯子往顶棚上爬，的确不是件容易的事情。这又不是拍电影，弄不好会摔下百米深的山谷。看我两腿发抖，迟疑了好久，无情的诗人这时候又挖苦我说："看来你对人世还很留恋吧？"

当时，我真的恨透了那个诗人。他非但不把我看成演员，甚至不把我当女人看。但是，那次尼泊尔的巴士顶棚之旅却让我终生难忘。我永远都记得那种自由和释放，那种久违的刺激！其实在非洲时，我也想这样做，以使自己忘记所有的悲伤和痛苦，自由自在地飞翔。

今天回想起来，当时也许是那位诗人故意这样做的。我们毫无来由地去了喜马拉雅山谷，然后又乘巴士下去。也许他只想让我明白什么道理，让我不要成为感伤的奴隶，要学会超越感伤。通过冥想，我也明白了这些道理。

以前的我总是生活在别人的保护和服侍中，可是这次去印度，我却像个孩子似的总是跟随在他身后，不断地纠缠他。他似乎把我当成摆脱不掉的累赘了，甚至在住酒店的时候，为了不受到我的骚扰，他故意把我的房间和他的房间分别安排在走廊的两个尽头，因为他知道我不会英语，没办法独自离开。虽然这时我很生气，很想回家，可是我语言不通，甚至连到哪里去坐飞机都不知道，所以只能像个什么也不懂的女人，乖乖地跟着他。

动身前往印度那天，他把我独自留在尼泊尔的机场，说是去卫生间，然后就溜走了。明明说好要带我去印度，然而他却像烟雾似的消失不见了。当时我很慌张，不知道如何是好。离飞机起飞的时间越来越近了，我在男卫生间门口东张西望，然而他的身影始终没有出现。只有留着黑胡须的尼泊尔人和印度男人用怪异的眼神看我，似乎觉得我这个女人不正常。

我不知所措，只是提着手提包发愣。突然，我想起他有空就告诉我去印度北部城市瓦拉纳西的路，甚至连在瓦拉纳西机场下飞机之后，怎样乘出租车去恒河附近的住所也详细告诉过我。此前，每当他说这些的时候，我都会在心里想：既然有你带我去，为什么还总是跟我说这些呢？所以我常常是左耳进右耳出。然而他说的次数太多了，再加上此时情况紧急，我突然都想起来了。

突然，我想开了，我自己也不是去不了！非洲、亚洲的贫穷国家我都去过，怎么可能去不了国境那边的印度呢？我艰难地办完手续，登上了飞机，同时怀着侥幸的心理，下意识地回头找他。但是，那个可恶的家伙始终没有出现。他真的溜了。

登机门关闭了，飞机轻盈地升起，庄严的喜马拉雅山慢慢从我们的视野中消失，飞机向着印度方向飞去。以前我去印度是为了看望那些贫穷和痛苦的孩子，而这次是真正的旅行。虽然我满怀信任、一路追随的向导不见了，心里多少有些不安，然而平生第一次尝试无人陪伴的旅行，却让我感觉很自由，充满了怦然心动的期待感。

偷了两个芒果的孩子

我记得印度女导演米拉·奈尔有部电影叫《早安，孟买》。该片讲述的是印度西北城市孟买的贫民窟的生活。虽然这是电影，但是内容和画面却接近于纪录片。

电影主人公是个名叫奎师那的少年。奎师那是印度人最喜欢的神灵，所以叫这个名字的印度人很多。奎师那原本在一个小村庄的马戏团里打杂。有一天，他拿着马戏团让他出去办事的钱坐火车逃到了孟买。

孟买属于马哈拉施特拉邦，人口约790万，70%以种田为生。一旦遇到旱灾，孟买附近村庄里的农民就无法种田了，只好扔下土地，纷纷涌入孟买城区。20年前出现的一次旱灾，曾使300万农民涌进了孟买，露宿街头。每当有干旱或水灾发生，孟买就会被这些背井离乡的农民占领。

即使没有出现干旱，大城市也总有吸引人的力量。比如，加尔各答、孟买、新德里等印度主要的大城市，每年都会有很多从周围农村涌来的贫民。处在岛屿之间的孟买地域狭窄，容不下太多的人口，于是这里变成了印度最早建设高层建筑的城市，今天仍在继续建设。因此，孟买的参天建筑和建筑物后面的贫民窟举世闻名。

年轻的奎师那来到孟买，打零工的时候跟街头的不少流浪小混混成了好朋友，还认识了妓女莱卡和她的女儿万竺，因此被莱卡的丈夫巴芭这个靠剥削妓女为生的地痞流氓所雇用。后来，他中了偶然相识的查理武的奸计，倒卖起了毒品。

为了拍好这部电影，奈尔亲自来到孟买街头收集资料。她和孩子们一起吃饭睡觉，通过和贫民的交谈，创作出了剧本，还起用街头的孩子们做演员，拍摄也在孟买的暗娼街完成。电影中出现的贫民窟不是为拍摄而制造的布景，而是孟买的实景。这是米拉·奈尔的长篇电影处女作，荣获第41届戛纳电影节的最佳新导演奖和摄影金像奖，当时只有31岁的她成为首位获此殊荣的女性导演。

奎师那每天和妓女们厮混，并以贩卖毒品为生。有一天，他在红灯区看到一个被五花大绑的女孩，并对这个女孩一见钟情。然而那个女孩在巴芭的胁迫之下，最终也做了妓女。

奎师那是背着偷窃500卢比的罪名离开家乡逃到这里的，现在只想尽快赚够500卢比返回故乡。然而对他来说，这笔钱数目太大了，而且查理武偷走了他攒了很久的钱去吸毒，并为此丢了性命。奎师那因此受牵连，和妓女的女儿万竺双双被警察逮捕，送进了感化院。奎师那逃出感化院，杀死了罪大恶极的卖淫业者巴芭后，趁机躲进了印度教的祭奠队伍。葬礼和印度教的祭奠场面充满了整个银幕。

印度是个电影业发达的国家，每年制作的电影甚至比美国的好莱坞还多，而电影制作的中心地就是孟买，所以这里有个别名叫做“宝莱坞”。孟买居住着很多著名的电影明星、医生、大学教授和外国企业家等非常富有的人。但是，和这些富人相比，更多的是数不胜数的贫民，他们不断地从市中心向北部转移，最终在加可帕和安赫里附近形成了贫民窟，同时也成了暴力团伙的魔窟。

有“印度洋珍珠”美称的孟买，市中心到处是人，拥挤不堪，看上去就跟一个装满黄豆的口袋差不多。街头露宿的贫民随处可见，他们或卧或坐，有时也拉着行人乞讨，整条街挤得没法通过。

位于郊外的贫民窟更是惨不忍睹。污物和堆积如山的垃圾，刺鼻的下水道，没有彻底脱硫的印度产挥发油散发的煤烟，令人头昏脑涨。估计到2025年，孟买的人口将达到3320万，成为世界上人口最多的城市。

孟买是印度最具现代化气息的第一大商业城，曾经主导过印度的历史，现在却变成了如此截然不同的另一张面孔。世界三大贫民窟之一便在这里。在这些村子里，连公厕都没有的贫民窟竟有12处之多。大多数房子都是搭在地上的简陋窝棚。到达孟买以后，在我去我所认养的儿童卡比塔家时，身后就跟了一长队没有地方玩游戏的小孩子。

卡比塔只有9岁大，去年她的父亲死于结核病，她跟30岁的妈妈丽拉、4岁的弟弟那尼亚一家三口人生活在行将倒塌的窝棚里。两口白铜锅，一个白铜盘子，一只水桶和几只蜥蜴，就是他们全部的家当。妈妈丽拉的工作就是拿刀切开一种名叫“卡久果”(像是杏)的硬皮果实，挖出里面的果仁。这是做咖喱用的材料，深受印度人喜爱。

年幼的卡比塔也要跟着母亲一起做这项工作，因为这是他们家惟一的收入来源。他们来到大路边，铺张报纸，再在报纸上铺上宽大的树叶，最后把剥好的卡久果放在上面叫卖，一天下来只能赚到二三十卢比(相当于人民币4.8元——译注)。

对于卡比塔家而言，生活是非常艰难和痛苦的事情，所以卡比塔和那尼亚常常到不远处有芒果树的人家去偷芒果。铁丝网包围的围墙里面结满了诱人的芒果。卡比塔避开铁丝网突出的铁签子，迅速爬上树，再用弟弟那尼亚递给她的木棍偷偷摘下两个芒果，然后翻过铁丝网逃跑。她的脚掌上因此留下了很多被铁丝网刺破的疤痕。如果不偷芒果去卖，他们一家就活不下去了。卡比塔的行为不能算是偷盗，因为她也是为了维持一家三口人的生计。

正如所有的贫穷国家一样，印度同样面临的另一个问题就是缺水。人们在自来水管上钻个洞，让水从里面流出来，从那里接水喝。所以，贫民窟总是沿着自来水管线形成。不过，只有早晨1个小时和晚上1个小时才能接到水。孟买的问题还有很多，比如人口密度过高，自来水、卫生和电力等基本生活设施严重不足，以及缺少学校、医院和健康保护中心等设施，还有和首都新德里一样露宿街头的数百万儿童。

妈妈出去卖东西的时候，卡比塔用很少的一点水淘米，用膝盖折断拾来的树枝烧火做饭。等饭熟后，她就在饭上撒点辣椒粉，滴两三滴政府配发的食用油，搅拌好后盛在家中惟一的一个铜盘里，一家三口轮流吃。即使这样的饭一天也只能吃一餐。不仅卡比塔家的生活是这样，住在那里的人们大部分都是这样生活。

切卡久果的时候，要把卡久果放在类似于磨刀石的东西上面切成两半，妈妈和女儿的手都变得很粗糙。我真担心她们切着手。也不知道她们已经多久没有洗过头了，头发已结成一绺一绺的了。身上是破烂不堪的上衣和宽松的橡皮筋裙子，然而卡比塔却和别的印度少女一样漂亮。她的眼窝有双深邃的眼睛，脸上总挂着微笑，因此更讨人喜欢。她的弟弟那尼亚正在玩蜥蜴。

今天的工作开始得很早，早晨只喝了杯茶。为了照顾孩子们，我忙得团团乱转，直到下午4点什么也没吃。村里的孩子们递给我像樱桃似的红果子。他们似乎觉得我快要虚脱的模样很可怜。我尝了尝，味道很甜。见我吃得津津有味，孩子们都去争着摘果子给我吃。这时，有个妈妈走了过来，朝着她孩子的后背狠狠地打去。我惊讶地看着她，那个妈妈做手势告诉我，吃多了这种果子会肚子疼。

就算肚子疼，看着这些争先恐后给我摘果子吃的孩子，我仍很开心。在我的身旁身后，还有膝盖上，那些抚摸我的孩子们，我多想成为他们的保护人啊。

当我离开的时候，卡比塔用报纸包了些东西给我。我打开一看，里面竟是9颗卡久果。要卖掉这些卡久果，全家人才能吃上一顿饭，可是……我很珍惜这份礼物，当时就流泪了。我想，既然卡比塔想上学，我就一定要帮她实现这个心愿。*

*现在，12岁的印度女孩卡比塔成为金惠子的认养儿童，就读于孟买的萨伊纳斯西格辛小学。除了卡比塔，金惠子还为全世界贫穷国家的50个孩子支付学费。

——编者注

我愿把双眼借给世人

我们在印度南部的钦奈机场下了飞机，乘坐了3个小时的汽车才到达萨拉比宾馆。原以为只需1小时的车程，却没想到这么远，开了半天还没看到目的地。在我看来，这只不过是一条崎岖不平的新路，然而印度司机却坚持说是高速公路。他一边摇晃着他那锅盖般的大手，一边说：“没错，就是高速公路。”偶尔迎面有载满货物的大卡车发出“哐当”的巨响飞驰而过，像是要撞到我们的车子。

听说3月底到4月初，这里的气温会升到将近50摄氏度，非常炎热。可是我在宾馆迎来的第一个早晨却像韩国的初夏时节那样清爽宜人。窗外那棵红绿相间的无名树木，不知道本来就是这样，还是没有了精神。但是不管在哪里，见到树木我都很高兴。虽然树叶有些低垂，但是看到枝繁叶茂的树木，昨天的疲劳仿佛也一扫而光了。

不知是谁最早用“叽叽喳喳”描述鸟儿的叫声。这里的鸟儿们真的是叽叽喳喳在唱歌，还有稍大些的鸟儿发出“呱呱”的叫声，让人分不出是在唱歌还是在呐喊，偶尔还夹杂着几声猫叫。

刚才给我送来热水的宾馆服务员像我见过的大部分印度人一样，轻轻地点着头接过小费，问我还有没有别的需要。我微笑着说：“没事了！”他就像跟我合演电视剧似的，也回答了一句：“好！”然后就后退着离开了房间。他因为知道我是著名演员，似乎总是一副很紧张的样子。

我记得有一次，我在印度机场办理入境手续的时候，有位制服类似军装的官员只顾盯着我看，竟然忘了在我的护照上盖入境章。我当时也没看，接过护照就走了。后来出境的时候，却成了非常严重的问题。因为没有加盖证明我入境的印章，无从得知我是什么时候从哪里进入印度国境的。由于那位机场工作人员只关心我的脸，忘了盖章，结果把我变成了偷渡者。同行的人们手忙脚乱，到处打电话找人帮忙，然而最后出面的印度高级官员只用一句“护照没问题”就解决了问题。

离开首尔的时候，我在登机之前看到了伊拉克战争的消息和反战示威的混乱场面。正如越南作家鲍宁的作品《青春的悲怆》所说的那样，战争永远是令人悲伤的。我居住的宾馆房间里，电视正在播放时装秀。有的是普通服装，有的是一侧乳房完全裸露的礼服，有的模特穿着像是比基尼的衣服，足蹬长靴。这是全世界时装设计师们的盛会。在我看来，这一切都是那么令人悲哀。

这时，我想起了我的大学生活。我的专业是美术。有一天，我很想知道哲学系都学些什么东西，于是偷偷地听了一节课。我虽然忘了当时那位教授叫什么名字，但是把他说的话牢牢地记住了。那位教授说，生命中有本质层面和非本质层面的东西。人首先要重视本质层面的东西，因为这才是哲学性和宗教性的生活。

可是，这个世界已变得很奇怪了。人们往往把本质的东西忽视了，而为那些非本质的东西忙碌。在我的观念里，给即将饿死的孩子们送食物，停止战争，关心贫穷的人们，这些才是最本质的东西。然而，全世界90%的企业却在集中生产满足人们非本质需要的产品，地球上60%的公司和工厂都在生产让女人变得更加美丽的产品。与此同时，在地球的另一边，每天都有3.5万个孩子因饥饿而死。不只是昨天，今天、明天都是如此。

转眼间，时针已经指向3点。长途旅行的疲惫使我很晚才起床，我在房间里思来想去，时间就这么匆匆流过了。我来到前台大厅，呼吸外面的空气。昨晚我们是在黑夜到达宾馆的，所以当时没发现，其实我在房间里看到的那棵树是这个宾馆惟一的一棵树。我想喝杯茶，于是就走进宾馆的餐厅。等待热茶的时候，刚才那个服务员从钱包里拿出了他和妻子的合影，告诉我他是1月份结的婚。“新娘子真漂亮啊！”我说。之后，他说明天早晨他会把热茶送到我的房间，还会附上一壶热水。

服务员那装有新婚照片的钱包很破很旧，皮革已经全破了，皮夹的白色衬子一览无余，好像随时都有可能破裂。钱包里面的钱，加起来似乎还抵不上钱包的价值，怎么看都不像是新婚燕尔的新郎使用的钱包。但是，我从他的眼神和微笑能感觉到，他是个心灵纯真的年轻人。我给了他10美元的小费，他幸福地笑了。10美元竟然可以让一个人如此幸福！这让我也感到很幸福。

第二天早晨，我们和救助团体的印度职员们开了个会。会议的主题是商议访问地区、讨论童工问题和总结此前支援取得的成果等。由于不是所有的人都去现场体验困境，我要做的事情就是到现场去看，去听，牢牢地记在心里，回来后通过电视等媒体告诉人们。我的解释越详细，收到的捐助金也就越多，我们就可以用这些资金解救那些饱受痛苦煎熬的孩子们了。

上次访问的时候，我看到一对因地震而失去孩子的爸爸妈妈。他们掩埋了孩子，把孩子穿过的小凉鞋和用过的饭碗放在坟上面，伤心地哭泣。那个场面至今我也难以忘怀。从那之后，只要看到路上丢着孩子的拖鞋，而且不是一双，只有一只的时候，我就会很伤心。

当时，我还造访了钦奈附近一家使用童工的工厂。这些孩子十几个人一组，用椰子壳搓绳子，卷烟叶。从早晨5点开工，除了中午休息30分钟，他们要一直工作到下午5点。本应上学的孩子却在这里被强制参加劳动，是因为这些孩子的父母因家里有人生病或者其他紧急事情而欠了50美元的债。这里有个提供高利贷的地方可以借钱，不过最多只借50美元，由于偿还的可能性很小，他们就用利息使唤孩子们干活。

因为贫穷，孩子们不能上学，仿佛理所当然就应该做这种事。他们用椰子壳搓绳子的小手长满了茧子，比干了一辈子粗活的大人的手更粗糙。在一边卷烟叶的孩子用指甲刀般大的刀子磨碎烟叶，然后放进卷烟纸里。

我问其中一个女孩子：

“没觉得哪里不舒服吗？”

她指着额头，露出了微笑，对我说道：

“头疼，烟叶味闻得太多了。”

要是她皱着眉头说头疼，我的心也就不会这么痛了。但是她微笑着看我，说话时的神色似乎在说：“人生不就是这样吗？”

50美元这点钱，甚至不够韩国生活水平一般的家庭全家去饭店吃顿饭。我想告诉这些孩子，人生并非总是这么痛苦，你们也可以上学，也可以跟朋友们玩耍。我想帮他们走进校园，因为只要帮他们还清50美元的债就行了。

我当场就把540个孩子从债务的枷锁中全部解放出来。然而这还远远不够，我还要帮助他们和韩国的援助者建立联系。只有这样，当他们的父母再次因为急事而借钱的时候，孩子们才不会挨饿，才可以继续上学。我的心很焦急，想马上就把这些孩子从苦难中解救出来。

我们首先从钦奈乘车3个小时，到达一个名叫柏尔昆莱的村庄。这里有所帮助孩子们摆脱童工命运的缝纫技术学校。我们去的那天，正好是给毕业生分发缝纫机的日子。孩子和家长们欣喜万分地聚集在乡村会馆里，孩子们表演话剧等节目以表达心中的感激之情。舞蹈和歌曲的主题都是反映对摆脱童工命运，走进校园的渴望。

有个曾经在火柴厂工作的女孩子也上前表演，她一面再现工厂的经历，一面泪流不止。每次救济团体来看她们表演时，女孩们都会泪流满面，哭得很伤心。

我也去过那个火柴厂。把木头修成火柴杆的形状，插进模板，蘸上滚烫的硫磺，这就是孩子们的工作。硫磺毒性很强，稍不注意还会燃烧。事实上，也确实有孩子被大火烧死了。

前年说头疼的漂亮卷烟女孩娜尔里尼也在这里。如今，娜尔里尼成了我认养的儿童。她可以上学了，生活重新变得美好了。她的脸上也露出了幸福的笑容。

表演结束后，我们去了得到缝纫机的女孩浦利亚的家。组装缝纫机的时候，她妈妈的脸上始终带着微笑。缝纫机是这家人的希望。浦利亚可以做衣服卖，不用担心欠债了。此前，因父亲生病欠下了债务，浦利亚不得不卷了3年烟叶。

第二天，我去了另一个认养儿童莱卡的家。莱卡也是刚刚从卷烟叶的劳动中解放出来的孩子。她今年12岁了，却从来没上过学，必须先在补习班上些速成的功课，学完以后再正式入学。我去的时候，她正和爸爸妈妈，还有小弟弟在吃午饭。一家人在很少的米饭上倒上菠菜汤，用手拌着吃。全家人的脸上都洋溢着希望。

我走出莱卡家时，有两个男孩子和他们的妈妈手里拿着照片站在门口。照片上是我和几个孩子，那是前年我帮他们从工厂里解救出来，然后哭着跟他们的父母亲拍的纪念照。两个孩子和他们的妈妈说，昨天分发缝纫机的时候，他们也在场，但是没能和我打招呼，只是远远地看着我。

孩子的妈妈们泪眼婆娑地说，她们很感激我，也很高兴再见到我，说是我给他们村子里所有的孩子带来了希望。我也哭了。同时我又很担心，也许他们觉得是我将所有的孩子从不幸中解救出来的，然而这并不是我个人的力量。我做的算不了什么，是我背后的许多人伸出了救援之手，才使他们最终摆脱了不幸。

我解救的孩子只有540名，然而仅仅在这个地区，就有大约10万个孩子因父母欠了50美元的债务而遭受着从早到晚艰辛劳动的折磨。我还记得上次来的时候，那些妈妈拉着我的手，一遍又一遍地哭着问我下次什么时候再来。对我来说，能够看到孩子们过上正常的生活，就感到莫大的幸福了。

正如在诗歌《西藏的孩子们》中所写的那样："我愿意把双眼借给世人，让他们看到这些受苦的孩子。我愿意把双臂借给世人，让他们紧紧拥抱这些痛苦的孩子。"

递交给天国的材料

有个女人死后去了天堂，天使接待了她，并对她说："我带您去您的家。"天使带她上路了，道路两边排列着漂亮的房子，家家户户的院子里都盛开着她从未见过，甚至从未听说过的奇花异草。女人充满期待地跟在天使后面，然而道路渐渐变得荒凉。最后，天使在一栋没有花草，看上去像要倒塌的简易木板房前停下了脚步，对女人说道：

"这里就是夫人的家。"

女人惊讶地问道：

"哎呀，有那么多漂亮的房子，为什么让我住在这里啊？我活着的时候，住的可是豪华别墅啊。"

这时候，天使对她说：

"夫人，看来您误会了，天堂是根据您在人间生活时递交给天国的材料为您建的房子。"

印度北部的瓦拉纳西是世界上历史最悠久的城市。坐在从机场去往住处的出租车里，我一路上都没有看到富丽堂皇的高楼大厦，躺在路上拦住了汽车的健壮黄牛，路旁鳞次栉比的神殿和寺院倒是随处可见。市场的旧马车上，各种热带水果堆积如山。卖蔬菜的老太太连声叫喊，让我这个旅行者买她的土豆和茄子。

山羊悠然自得地在恒河岸边的台阶上拉出圆溜溜的粪团。为了消除前生的罪孽，人们剃光新生婴儿的头发，然后把头发扔进河里。一对新婚夫妇来到恒河边，把两件连在一起的衣服的一部分浸在河水里，在印度教圣职人员面前举行了新婚仪式。

恒河边的另一个角落堆放着很多木柴，死人都放在上面焚烧。富人的尸体放在充足的木柴上焚烧，那些木柴足够活人翻几个跟头了。为了焚烧彻底，可以不停地翻动身体。至于穷人的尸体，却只能使用少量的木柴焚烧，就像躺在廊台的尽头，木柴只能烧到小腿。身体烧尽以后，小腿就掉在地上了。旁边的人就用类似火钳子的东西拣起掉在地上的腿，扔进火堆重新焚烧。虽然烧完的灰烬全部都被抛进恒河，但是作为穷人，活着就被贫穷折磨，死了还要因贫富差异而受到不同的待遇。

有人用一种类似篮子的工具在水里打捞，原来他们想从尸体焚烧的灰烬里寻找金箔之类的贵重金属。

小孩子死了，便在后背拴块大石头，由父亲乘船到达河中央，将孩子抛进河里。孕妇和患天花的人死后，尸体也不焚烧，直接扔进河里了事。达到很高境界的圣职人员死了，则让他坐在竹椅上面，胸前挂满鲜花，在河边举行某种仪式。我亲眼看到一位死亡的圣职者一只眼睛睁开，一只眼睛紧闭，好像在眨眼，我情不自禁地笑了。就连死后也能把我逗笑，圣职人员果然不同凡响啊。

河面上漂浮着人和动物的尸体。然而，却有很多人把恒河当作神圣的河流，在这里举行各种仪式；同时，人们又在河里洗澡、刷牙，还用瓶子盛水回家喝。河边的茶馆卖给客人喝的大吉岭红茶(印度的一种传统红茶)，就是用恒河水煮的。

在这个国家，活着也无所谓，死亡也无所谓，这是个什么都无所谓的地方。

我顺利到达恒河岸边一个简陋的旅馆。两天之后，诗人突然出现在我的面前，好像只是分别了一会儿，若无其事地问我："吃饭了吗？"我气得无话可说。他又对我说："有人故意禁食修行，像你这样准备离开人世的人，怎么还用吃饭啊？"然后，他就独自出去吃饭了。

我真是气得咬牙切齿，有生以来第一次遭到这样的冷遇。怎么能这样呢？我只不过因觉得一切都变得虚无而说了句“现在我想从人间消失”的话，竟然就要忍受这么多的羞辱！

奇怪的是，诗人不管走到什么地方，都会受到当地人们热烈的欢迎。他们就像失散多年的兄弟重逢，争先恐后地拥抱他，请他到自己家做客。他好像回到了自己的故乡。无论是大人小孩，还是富人乞丐，听到他来的消息，都纷纷聚集到旅馆门前。旅馆的老板还亲自下了楼梯，以拥抱的礼遇热情地接待他。可就是没有人注意到我的存在。

不知道什么时候，诗人已经换上了在市场上买的廉价宽松裤子，而且是粉红色的。早晨，他坐在河边冥想，白天出去和人见面，晚上就带我去火葬场。每次在火葬场，他都默默地坐在黑暗之中，久久地凝望着燃烧的火苗。

火葬场的工作人员当中总有些性格怪异的人，讨厌外国人长时间在这里观看，但是看见诗人到来，他们竟然还放下手中的活儿，热情洋溢地接待他。

第一次看见尸体火化，我哭了很久。直到现在，我还是无法形容当时的心情。望着在木柴堆上燃烧的肉体，我感觉自己的身体似乎也燃烧了。突然间，我感觉人的肉体真的什么都不是。没有什么东西能够永存不朽。一切都会结束，一切都是过眼云烟。我们的执著，我们的哭泣和欢笑，最终也都将烟消云散。

也许我在火葬场感悟到了死的真谛。几年以来，那个火葬场的火苗从来就没有熄灭，每天都要火化很多尸体。我就在这个过程中体会到了死亡，并领会到了生与死并没有什么差异。

有一天傍晚，一对和诗人熟悉的街头乐师夫妇来找我们。他俩在日落时分的恒河河畔，放声歌唱。歌词内容是这样的：

国王拥有华丽的象牙床，
终究也会被抬到火葬场，
躺在两根竹竿上。

王妃满身黄金，侍女更无数，
终究也会被抬到火葬场，
躺在两根竹竿上。

人人都只需要两根竹竿，
脸上滴两滴恒河水，
眼睛蒙片菩提树叶。

当你被送到火葬场，
躺在两根竹竿上，
只有你做过的善行会跟随你。

每天晚上，我们都会去一个地方坐坐，那就是“马尼卡尼卡”火葬场。有一天，诗人对我讲起了马尼卡尼卡火葬场的来历：

印度最高的神灵——湿婆神每天都在喜马拉雅山的洞穴里闭目冥想。他的妻子帕尔瓦蒂非常气愤，心想，同为神灵，毗湿奴神却建造了豪华的王宫，和他的妻子过着奢侈的生活，然而自己却跟着丈夫在山洞里冻得瑟瑟发抖。这令她实在难以忍受。她一次又一次央求湿婆神，最后，湿婆神终于在城市里建了一座大宫殿。根据印度的传统，房子盖好之后，要请圣职人员举行仪式，婆罗门圣职人员为他们举行了体面的仪式。湿婆神欣喜之余，问圣职人员有什么心愿，而且承诺说可以满足他的任何要求，不管是什么都会答应。

那位圣职人员说：

“我想拥有这座王宫。”

湿婆神履行了自己的诺言，把王宫让给了圣职人员，并对妻子帕尔瓦蒂女神说：

“你看看吧，就连最出色的圣职人员也贪恋财物。我带你去一个地方，不管是富人还是穷人，不管是名人还是普通人，所有的人都会去那

每个孩子不仅有生存的权利，有获得基本生活物资的权利，也有得到关爱和保护的权利。

里走一趟。”

接着，湿婆神带妻子来到瓦拉纳西的马尼卡尼卡火葬场。湿婆神的妻子看到火葬场里燃烧的尸体，受到了强烈的冲击，身体摇晃，戴在耳朵上的耳环也掉进了恒河。“马尼卡尼卡”的意思就是“挂在耳朵上的宝石”。在这里，湿婆神和他的妻子对生与死进行了深刻的冥想，然后又回到了喜马拉雅山。

以往我在印度看到的都是悲惨和贫穷，这个地方当然也一样，但同时又让我对人生的意义产生了深刻的思考，也让我明白：过于执著是多么愚蠢的事情。

我住的旅馆楼下是山扎伊一家经营的小商店。说是商店，其实只有几袋点心和几包烟，还有盛着制作大吉岭红茶材料的易拉罐。让我感激的是，每天早晨诗人都吩咐年幼的山扎伊为我买来苹果和石榴，还有椰子。吃过镶嵌着红粒子的石榴，喝过大吉岭红茶以后，我就坐在商店门前的长条椅上凝望恒河，或者观察路过的形形色色的印度人，消磨白天的时光。

快到午饭的时候，我就会慢悠悠地走向市场，那里有很多船夫正在等待客人。他们都是诗人的朋友，跟他们在一起，我感觉很踏实，也很放心。我和他们并肩而坐，观察着陆陆续续来到河边的巡礼者、卖项链的商人、掏着耳朵的老人、卖花灯的少女、虽然年迈自尊心却很强的乞丐、四海为家的托钵僧、赚不到钱的花生贩、卖竹笛的掉了门牙的男人，甚至连双手缠着绷带的麻风病患者也来了。我问卖项链的商人：“今天生意怎么样？”他总是说：“很好！”然后露出和蔼可亲的微笑，送给我一条项链，说道：“不要钱，没关系！”

他们之所以聚集到这里，是因为诗人每天都请他们吃午饭。对他们当中的大多数人来说，这顿午饭就是他们一天之中惟一的一顿饭。挣几分钱还要养家糊口，所以他们连买块糕点的钱都没有。有一次，饭店老板拒绝接待他们，诗人指着供奉在饭店正上方的神像，训斥饭店老板

如果生命能重新开始，我们要拿出更多的时间，帮助那些贫穷和不幸的人们。我们应该满足于自己的拥有，帮助贫穷的人们。

说："难道你们的神教导你拒绝这些贫穷可怜的人吗？"最后，饭店老板不得不向他们道歉。听了这件事，我也感觉大快人心。

只要我们愿意分享，地球上的人类就都可以拥有足够的粮食、金钱和药品。这个世界一些人撑得肚子疼，一些人饿得双手颤抖，行将饿死。人们常说"耶稣是爱的化身"，只要每个基督教徒负责一名挨饿的孩子，就足以解决全世界的痛苦。人们常说"佛祖慈悲"，只要每个佛教信徒负责贫穷国家的一个成年人，佛教所说的极乐世界就会成为现实。

美国有3000万人因肥胖而痛苦，同时世界各地有3300万人正承受着饥饿的煎熬，这些人包括黑人、来自第三世界的移民等低收入的贫民阶层。这是由不愿分享引发的不均衡。

如果把美国人和欧洲人的宠物饲养费加起来，那么就足够为全世界贫穷国家的人们支付基本的医疗费。美国大企业摩托罗拉公司一年的收益，就与非洲第二经济大国尼日利亚全年的国民收入差不多。再比如美国微软公司总裁比尔·盖茨等世界巨富排行榜上的前三个人的财产，就超过了49个最贫穷国家的8亿人的年收入。日本任天堂公司把"袖珍小精灵"游戏卖给美国所获得的收入，就可以还清卢旺达和尼日尔的全部债务。

即使是印度和阿拉伯国家的富人拥有的财产，也远远超出我们的想像。但是，他们从来不理会本国那些为了减少一张吃饭的嘴巴而用毒草杀死新生婴儿的妈妈。不仅是他们，整个世界的政界人士、知识分子和新闻媒体都对那些贫困置若罔闻。偶尔，一些媒体也会在午夜之后播出那些贫穷国家的惨状，好像理直气壮地向人们宣称："我们报纸和电视台也在做这方面的好事情。"而黄金时段播出的千奇百怪却毫无用处的电视节目和报道吸引了人们的眼睛和耳朵。然而，每年却有数百万人甚至来不及呻吟一声便悲惨地死去。当低俗的演员和歌手们为了取悦观众，争先恐后脱衣服的时候，却有许多贫困的人因为没有衣服穿而赤裸裸地冻得发抖。

当一个人面对着眼前可口的昂贵食物，优雅地拿起刀叉的瞬间，却有20个人正在努力忘记饥饿，夜里拿来石头压住空荡荡的肚子。

『当有人求你帮忙的时候，不要说上帝会帮助你。你一定要帮助他，就当作上帝根本不存在。』

——西达巴芭

最近，南非地区出现了最严重的粮食匮乏，如果没有国际社会的支援，不出几个月就会有1400万人处于严重饥饿状态，国际救援组织已经向世界发出了呼吁。在这些国家，只要有10美元，就可以让1个孩子一天两顿饭维持1个月；20美元就可以买到50公斤玉米，这足够一个五口之家吃上1个月；100美元就可以买到足够一个六口之家吃饱6个月的粮食。如果富人们坐视不管，几千万人就有可能失去性命，这将是一个巨大的灾难。

联合国在南非全球首脑会议上发表的《南非宣言》中有提到尽快消除世界贫困问题的内容。然而宣言终归只是宣言，最应该积极行动的美国和欧盟成员国，始终对贫困国家保持漠不关心和不合作的态度。尤其是美国，对贫困国家的援助极为消极，就连著名的投资家乔治·索罗斯都冷嘲热讽地说："（美国政府援助的）这笔钱简直就不算钱！"

为了满足几名石油大亨贪婪的胃口而发动战争、发射导弹的时候，数百万名无辜难民随之产生了。为了满足那些没有良知、没有人性的政治势力的野心，无数的孩子饮弹身亡。难道这些事情只能成为报纸和电视台的国际简讯吗？毫无意义的脱口秀和无聊的娱乐节目充斥了黄金时段，人们变得日益低俗，而我们真正应该认真倾听的故事，却要放在人们都已入睡的时间播出，这合理吗？难道我们只能把世界发生的悲剧归咎于美国和欧洲发达国家，而自己不采取任何措施吗？

我写这本书的目的并不是为了批评什么人，只是我对目前悲惨的现状真的很痛心。我曾经在某本书里读过这样的话："世界上最遥远的距离是从头脑到心灵的距离。"是的，从头脑移动到心灵，有的人需要耗费毕生的时间。我们不能在头脑和心灵之间设置太大的路障，成为至死也无法抵达心灵的人。

我们应该坦然接受思维、宗教、能力和肤色的差异，因为地球需要多姿多彩。但是，食物和衣服却应该分享。在美洲印第安人的社会里，偷盗食物并不算犯罪，他们认为这是使人吃不上饭的社会犯了大错，至少，不应该让人活活饿死，不能让人因为没有抗生素而失明，因为我们同样都是人。

恒河上的千盏花灯

山扎伊一家在印度北部的瓦拉纳西经营一个小商店，他们家里有很多人。父亲早年去世，留下10个孩子，而且出嫁的大姐和丈夫感情不好，也把孩子带回娘家抚养。年迈的奶奶戴着厚厚的老花镜，坐在角落里喋喋不休。她戴的眼镜似乎没什么用。

他们真的太穷了，甚至到了山穷水尽的地步。租的房子也只有一间，眼看就要倒塌了，房东却不肯修理，最后还是和我同去的诗人出面，才彻底修好了房子。山扎伊的妈妈每次见到我，都不停地表达对诗人的感激之情，说多亏有了他，他们一家人才能安心生活。有一家人就是因为无力修理，结果房子倒塌了，压死了好几个人。

尽管贫困，然而山扎伊家却总是很和睦。衣服虽然破旧，但是男孩子们还是留着分头，抹上一点油，梳理得整整齐齐。他们拼命叫卖大吉岭红茶，如果看见有人要过河，他们就把店铺临时交给我，兄弟姐妹们飞快摇着桨去载客。不知从什么时候开始，我卖起了大吉岭红茶，卖起了点心，还蹲在地上洗起了碗。

山扎伊最小的妹妹是个身体虚弱、病恹恹的女孩，脸色总是泛青，也不知道她哪儿不舒服。乍看上去，她虚弱得好像一阵风就可以吹倒。没有人关心她，然而诗人却非常喜欢这个女孩子。有一天，我看见诗人拿着我的洗发水给她洗长发，然后在阳光下给她梳头，直到她的头发完全晾干了。

我也渴望能安下心帮助某个人，就像诗人那样，然而我必须尽可能

在印度，有2000多万名儿童露宿街头，在街头工作、玩耍、睡觉和做梦。"我们住在街头，在街头工作，我们没有家，也没有睡觉的地方，我们只有天空和大地。"

——14岁，山扎伊（摄影：Manoj Jain）

地把这些事情告诉更多的人，所以做不到他那样。我知道自己的职责和使命。我要通过电视和报纸杂志宣传我做的事情，让更多的人都知道，即使有时带有夸张的成分也在所不惜。尽管我也不希望这样，然而这就是我的职责。我在印度亲眼目睹的诗人的所作所为，显然就像是“一个人组成的救助团体”。事实上，我们每个人都应该成为“一个人组成的救助团体”。

在诗人的帮助下，包括山扎伊在内的8个孩子都上了学。诗人不仅为他们支付学费，还给他们买书包，到学校和教师面谈。不仅是印度，还有巴基斯坦、孟加拉、尼泊尔，都有部分父母认为女儿读书没什么用，不愿意送女儿去上学。报告显示，全世界达到入学年龄的孩子中，有1.2亿儿童未能享有受教育的权利，也就是说，有1/6的孩子将成为文盲。尤其是女孩子，她们受教育的机会被剥夺得更为严重。

撒哈拉沙漠以南的非洲地区和东南亚地区各有4600万以上的儿童无法迈进学校的门槛，就连西方发达国家也有大约250万名儿童不能接受正规教育。而在塔利班执政的阿富汗，女孩子接受教育的机会则被彻底地剥夺了。

除了教育问题，全球每年都有600万名儿童不满5岁就丧生于饥饿。在非洲的马里，每3名不满5岁的儿童之中就有1人饿死。赞比亚每年偿还发达国家的债务是4.3亿美元，这些钱如果用于医疗，当前接近30‰的婴儿死亡率就可以降低到8‰，从而达到美国的水平。

根据联合国儿童问题特别总会公布的数据，全世界共有1.5亿名儿童因营养不良而痛苦地呻吟。去年11月，一名非洲男孩在美国纽约的联合国安理会上发表演说。这个男孩曾经在塞拉利昂叛军势力的“革命同盟阵线”中担任童兵指挥官，后来才获释。这个14岁的男孩向国际社会哭诉了非洲战乱地区的儿童所承受的痛苦。

这个男孩10岁时被叛军绑架，其后两年半一直参加战斗。他证言：“我亲手杀死了很多人，亲眼看见很多人死去。”

临终时刻，最后的审判并不是根据某个人拥有多少财产，获得了多大程度的成功，而是根据他拥有和付出了多少爱。

全世界儿童忍受痛苦的地方不仅仅是战场。联合国儿童基金会曾经发表了题为《东南亚地区性从业者中的1/3是儿童》的报告书；世界卫生组织也提出警告："全世界有1/5的儿童生活在恶劣的环境中，忍受着性暴力和饥饿，精神上也遭受到严重的摧残。"

目前，占全世界人口的36%，也就是21亿名儿童生活在地球上。每年虽然有1.3亿名婴儿出生，然而占其中41%，即超过5000万名婴儿却连出生证明都没有。他们在没有名字，也没有国籍，甚至连最基本的人权保障都没有的情况下生存着。

过去的40年间，全球5岁以下儿童的死亡率降低了一半。然而与此同时，这个统计数字在撒哈拉沙漠以南的非洲却增长了两倍。在幼儿死亡率最高的塞拉利昂、安哥拉、尼日尔等地区，5岁以下儿童的死亡率达175‰。而阿富汗、巴基斯坦、伊拉克和也门等国家的儿童死亡率也在不断攀升。

绝对贫困指的是每天维持生计的收入不足1美元的家庭。按照这个标准，全世界有25%的儿童处于绝对贫困状态；在落后国家，这个数字达到33%。

据推测，2003年全世界患艾滋病的人数大约在3600万，其中1640万是女性，15岁以下的儿童达到140万。因艾滋病而失去父母成为孤儿的儿童已达到1040万，10年之后这个数字将翻倍。仅在2000年，就有530万人感染了艾滋病，其中一半是儿童。仅仅在非洲地区，就生活着全世界70%的艾滋病感染者，以及90%的因艾滋病而成为孤儿的孩子。

每次看到这个统计数字，有个问题总是不断地折磨着我："神真的存在吗？"既然要让这些孩子们无可奈何地死亡，上帝为什么又要创造他们呢？

虽然这里的贫穷和苦难给人们带来了深深的痛苦，但是我在印度的瓦拉纳西度过的一个多月，却使我心灵变得平静，

当你最终离开这个世界的时候，你什么也带不走，只有你在这个世界上所作所为的结果跟随着你。
（摄影：Jason Taylor）

而且给了我生活的意志，让我有机会摆脱世俗琐事，认真审视自我，找到活着的理由。于是，我再次下定决心，一定要振作起来，为贫穷的人们做点儿什么。

如果不来瓦拉纳西，也许我会把印度看成是一个妈妈亲手杀死出生仅有3天的婴儿的无情国家；或者，我也会把印度看成是贫穷而肮脏的国家，仅此而已。但是现在，印度在我心里变成了没有欲望、内心充满温情、超越生死界限的人们居住的地方，我心里那种厌世轻生的念头也悄悄地隐退了。

离开瓦拉纳西之前的夜里，浓雾弥漫，看不见夜空里的星星。我们把山扎伊全家制作的1000盏花灯装在漂浮在河面上的船里。据说1000盏花灯全部漂浮在水面，人世间的所有心愿就能够实现。那些花灯太美了，金黄色的金盏花瓣围在不透水的树叶周围，中间镶嵌着浸油的棉花。山扎伊和他的妹妹，加上诗人和我，我们4个人乘着船，到恒河水上施放了这1000盏花灯。为世界上那些遭受痛苦的孩子，为了他们重新拥有欢笑和幸福，我在心灵深处祈祷。

花灯宛若星星般漂浮在漆黑的水面。我真心感谢带我来到瓦拉纳西的诗人。

最贫穷的国家生活最幸福

每当提起世界上最贫穷的5个国家，总少不了它。同时，它还是水的国度，拥有众多河流，每当喜马拉雅山冰雪融化，它的境内总会暴发洪水，甚至是可怕的海啸，正因如此，它的地图每年都会发生变化；由于连年的自然灾害、疾病和腐败等原因，人们能有口气活着也就谢天谢地了。这个国家就是孟加拉。

我去孟加拉是在4月底，气温高达40摄氏度，使人呼吸都困难。那次孟加拉之旅让我真正见识了什么叫酷热。首都达卡的街道上到处是人力车、摩托车和人群，因而显得拥挤不堪。

这里也不例外。大街上，衣不蔽体的孩子数不胜数；路边卖甜苔麸汁的碗里，自然而然地围着成群的苍蝇；街头理发师让客人坐着木椅，然后粗暴地往他们的脸上、脖子上涂抹着白色的肥皂沫；凡是带轮子能移动的物体上面，都密密麻麻地贴满了各种各样的图画。这里的市容市貌、风土民情和印度、越南、老挝很像。尽管贫穷，然而这个国家的人民却对诗歌表现出高度的热情。也许是因为我本人也喜欢诗歌吧，所以对他们喜欢诗歌感觉非常欣慰。著名诗人泰戈尔就出生在孟加拉国，他曾经留下了这样的诗句：

我躺在你的脚下，
变成一支芦笛，
只有你的音乐，

才能充实我的人生。

直到今天，用泰戈尔的诗歌谱成的歌曲仍然深深地扎根于孟加拉人的心中，甚至流行歌曲的歌词也常常引用他的诗句。

孟加拉人民有85%是伊斯兰教徒。不管做什么事，他们每天都要祈祷5次。在路边常听到的音乐也和印度差不多。女人的服饰类似于印度妇女的“莎丽(印度妇女的一种传统丝绸长袍——译注)”，女人拿牛粪当柴火及在眉心点痣的生活习惯也跟印度相似。走上街道，经常可以看到男人掀起裙子似的衣服，坐着小便。

孟加拉国除了南部地区有山脉，境内大多是平原。环顾四周，只能看见地平线。地平线上的日出和日落，还有刚刚升起的星星，都美得令人惊叹。

在印度，沿着恒河往东北方向走，就会看到一片蒙着茫茫尘埃的小平原。从这里开始，恒河就改名为博多河了。博多河与来自北方尼泊尔的贾木纳河汇合，在孟加拉首都达卡附近形成了辽阔的三角洲，然后继续朝孟加拉湾流去。除此之外，还有大量小河在许多地方流淌。孟加拉是世界上除巴西和刚果以外拥有淡水资源最丰富的国家。

据调查数据显示，目前，孟加拉湾的海面正在以每年10毫米的速度上升，这就是说，早晚有一天，孟加拉国土面积的10%将完全沉入海底。对于这种可以预知的灾难，孟加拉政府没有采取任何防范措施。尽管国际社会试图帮助孟加拉，却又因为政府的腐败而未能发挥作用。从1971年到现在，孟加拉从国际援助机构获得了360亿美元的救助金，然而其中80%左右都流进了政府腐败官员的腰包。1998年的孟加拉水灾被称为20世纪规模最大的洪灾，孟加拉全境都受到洪水的侵害，造成千余人失去了宝贵的生命，3000多万人成为灾民。

孟加拉的国土面积虽然只有韩国的2/3，却居住着1.3亿人口，人口密度高于世界上任何一个国家。该国5岁以下儿童的死亡率相当高，每10

个孩子中就有七八个死亡，所以他们要在10岁左右才登记户口，因此很少有人知道自己的准确年龄。问他们多大，大部分都会回答20岁左右。每当发生痢疾，就会有一两万人眼睁睁地等死。这个国家太穷了，国家财政的50%需要依赖于他国的援助，真让人不可思议。

孟加拉国原来从属于印度，当印度摆脱英国的殖民统治而独立的时候，伊斯兰教徒独立出来，形成了孟加拉国。在孟加拉，根据伊斯兰教律法，一个男人可以和4个女人结婚，因此，很多丈夫在这个村庄和一个女人结婚，再到另一个村庄和别的女人结婚。如果丈夫亲口对妻子说出"离婚"达到3次，那么妻子就不再是这个家庭的成员了，而且必须独自抚养孩子。被丈夫抛弃的女人既不可以回娘家，也不可以去兄弟姐妹家。最后，一无所有、无依无靠的女人只能带着孩子流浪街头。贫民区的女人无力抚养孩子，只能眼睁睁地看着孩子或是生病，或是因营养不良而死，却束手无策。

孟加拉国的大多数人都不识字，文盲率高达70%，因此，他们的选举海报多数都是图画。候选人的照片下面不写名字和号码，而是画上菠萝、椅子和自行车等图案。他们就以这种方法选举候选人。

几年以前，一份意外的报告让世人大吃一惊。根据德国《明镜周刊》的调查结果，孟加拉人是世界上最幸福的人，而美国等发达国家却处于落后地位，韩国则名列第23位。

生活在世界上最贫穷国家的人们怎么可能最幸福呢？报告书这样解释：他们幸福的秘诀就是在贫穷中没有更高的奢望，满足于现状，会为一件小事而欣喜；另外，他们可以在家人、朋友和邻居之间的感情中感觉到安定，因而比发达国家的人更感到幸福。

报告问世之后，很多人都感觉新奇，纷纷在自己的文章或报道中引用报告书的内容。但是，我们也不要忘记，统计只是数字。即使整体幸福指数名列世界前茅，这个国家仍然有全世界最痛苦的人们捂着饥饿的肚子倒下。我们不能因为这份关于幸福指数的报告而美化他们的痛苦。

街头路边那些赤身裸体的孩子们，争先恐后地伸手喊着“给我几分钱吧”。至于妇女，则是恶习和性别歧视制度的最大牺牲品。我们必须为他们做些什么，帮助他们摆脱无穷无尽的饥饿和冷漠。德国《明镜周刊》的这份幸福指数报告造成了更恶劣的影响：外国人因贫困和腐败问题指责孟加拉政府和官员时，他们就反驳说，幸福指数这么高，还能有什么问题？不要烦扰我们了。

你拥有多少财产

美国得克萨斯州某石油大亨邀请一位圣职人员到自己家吃晚饭。晚饭过后，他想炫耀自己的财产，于是带着客人来到楼顶，指着东边巨大的石油塔说：

“那些都是我的。40年前，我赤手空拳来到这里，现在，我已经拥有了无边无际的油田。”

他又走到西边，指着成群结队的牛说：

“那些也都是我的。40年前，我身无分文，但是我努力工作，拼命存钱，现在才有了这么多财富。”

然后，他来到南边，指着规模庞大的高尔夫球场，继续说道：

“那个高尔夫球场也是我的，对面的酒店是我建的。现在我是什么都不缺的富人了。”

圣职人员把手放在石油大亨的肩上，指着天空说：

“你在这个方向建造了什么呢？”

富人惭愧地低下头说：

“这点我没想到。”

在孟加拉首都达卡市内的贫民区，每条狭窄的胡同都挤满了孩子。他们都很像印度的孩子，有着美丽的黑眼睛，虽然有点儿脏，却很漂亮，而且他们都爱笑。我们沿着仅能容纳两人并肩行走的狭窄小路前往板子村。

走在令人头晕目眩的炙热阳光下，我们来到贫民区的一户人家，一位养育着3个儿子的母亲接待了我们。他们以砍树卖柴为生，每个月只能赚到800塔卡(相当于人民币120元——译注)，因此常常饿肚子。女人脸上长了很多黑色的雀斑。她一边跟我说话，一边给我扇风。看着她为客人扇风，我不由得想起了我的母亲。

院子只有巴掌大，角落里有个梳着一条在阳光下闪亮的黑辫子的少女在点火，不知道要煮什么东西。我问女人，那是不是你的女儿。女人说不是，少女的父母都去世了，她觉得孩子可怜，就接了过来，跟他们家生活在一起。她已经是泥菩萨过河自身难保了，却还要照顾可怜的邻居。我顿时恍然大悟，帮助别人，不一定需要很多钱。我感觉那个女人格外亲切。

在卢旺达爆发内战之前，世人关注的焦点都是孟加拉。那时，甲壳虫乐队的乔治·哈里森和林戈·斯塔尔及摇滚明星鲍勃·迪伦纷纷举行慈善演唱会为孟加拉募款。孟加拉成了贫穷国家的代名词。直到今天，全世界还有很多慈善救助团体依然在帮助孟加拉那些因嫁妆少而受到婆家和丈夫虐待的妇女。

我在这里遇到了朱裴达。她有着美丽的眼睛和黝黑的皮肤，16岁就出嫁了，但因嫁妆少动不动就遭到丈夫的殴打。有一天，她正抱着孩子，婆婆猛地把她推到墙边，结果撞断了脊椎，从此下半身就瘫痪了。

现在，朱裴达带着8岁的儿子查哈鲁·伊斯兰住在慈善团体提供的小房间里，房间里还养着很多鸡。她最大的财产就是一台缝纫机，靠缝纫和养鸡维持生计。但是，22岁的朱裴达至死也站不起来了，她只能坐着完成所有的事情。

她惟一的希望儿子查哈鲁，现在也开始帮助妈妈了。然而按照这个国家的法律，等查哈鲁长到12岁，就要交还给她的丈夫了。她平静地告诉我说，有一天，婆婆夺走她的饭碗，把她推到墙边撞断了脊椎，就在她住院的时候，丈夫抛弃了她们母子俩，跟另外一个女人结婚了。但是，我一提及把儿子还给丈夫，她的眼睛里就溢满了泪花，随后放声痛哭。这时，她的后背和腰部之间的断裂脊椎骨凸出得像罗锅。

我好心痛，抚摸着她凸出的脊背，安慰她说：

“你很痛苦，很艰难，对吗？”

说完以后，我就再也说不出话，并情不自禁地哭了。这时，她拉着我的手，反过来安慰我说：

“我没事的，这种事也不是毫无来由的。您别伤心了。”

她说我远道而来，腿会疼的，让我坐在她们家惟一的木椅上。她的话让我更难过，眼泪更是止不住地簌簌往下流了。

查哈鲁·伊斯兰虽然只是个8岁的小男孩，却安静沉稳，目光深邃。看着母亲的时候，他的眼神里充满了无限的深情。

“快点儿长大，好好孝顺妈妈。”

尽管我们互相听不懂对方的话，然而他仿佛明白我的意思，用眼神回应了我。

朱裴达还算幸运，毕竟得到了慈善团体的援助，还能够维持生计。然而孟加拉有1/3不幸的妇女因嫁妆问题受到虐待，有的甚至被活活打死。越是贫穷的国家，妇女和儿童也就越可怜。我听说在老挝，男人娶了妻子之后，必须到岳父岳母家做3年农活。孟加拉这些男人为什么不向他们学习呢？

在孟加拉国，媒人先把贴有许多女人照片的相册送到男方家，如果选中满意的姑娘，就举行婚礼。尽管贫穷，婚礼还是要尽量办得豪华。婚礼当天，新郎身穿像皇帝一样的服装。为了阻止秽物靠近，新郎还要用毛巾裹头，然后乘坐人力车前往新娘家。新娘的母亲身穿传统服装，父亲却穿休闲衬衫出来迎接。

这里也跟韩国差不多，看见女儿出嫁了，父母都会流眼泪。我在那里见过一次婚礼，新郎15岁，新娘只有14岁。小夫妻在婚礼当天，通过放在他们面前的镜子第一次看见了对方。新郎对新娘好像很满意，笑得嘴巴都咧到耳根了。我首先想到的是：那又有什么用，如果嫁妆少，还是不如别人。我不明白，如此喜欢诗歌的人们，怎么会做出如此令人费解的事情呢？当然了，我还是宁愿相信，更多的人不重视嫁妆，即使贫穷，也依然相爱，携手并肩过着幸福的生活。

我还去了当地一家使用童工的砖厂。很奇怪这个国家竟然没有石头，只能先做成砖，然后再用锤子敲碎，做成小石头的形状。铺沥青马路的时候，这些敲碎的砖头代替石子铺在下面。我很不理解，为什么不直接做成小石头状，而是先做成砖，然后再敲碎呢？敲砖的工作大都由孩子们来完成。他们最小的只有8岁，最大的也不过12岁。他们当然不能上学了。虽然从早到晚坐在阳光下敲砖，可是得到的工资只相当于500韩元(人民币4元左右——译注)，有时还用3块砖代替工资。

这里还有很多人砍树卖木柴。虽然大家都知道过度砍伐树木会使得每次下雨都发生水灾，导致许多人丧生，可是人们没有别的谋生手段，只能砍伐树木。对此，国家也拿不出更好的办法。

有个男子以前在救助团体的帮助下租了辆人力车，得以勉强维持生计，这次他坚持请我吃饭，于是我就去了他们家。走进像窝棚一样的房子，我看见地面铺着草席。主人给我盛了一碗白米饭和干菜粥似的东西，甚至还做了鱼。看得出，他们为准备这顿饭花了很多心思。

由于他们家没有筷子和勺子，也没有饭桌，于是我按照这个男人告诉我的方法，用手把饭攥成团，免得饭粒散落。他的妻子在旁边伺候我们吃饭，从缸里舀水给我喝。她是那样的热情周到，以致我不能不喝。同行的人们经常提醒我，除了瓶装的纯净水，千万不要喝其他的东西。可是我好像已经产生了抗体，喝了之后也没什么不适感。他们担心我会腹泻，然而我的身体里仿佛有着某种东西，帮我抵挡住了腹泻的侵袭。我也不轻易晕车。正因如此，我才能在过去的11年间走遍非洲和亚洲的贫穷国家。也许是上帝为了让我做这件事，早在我出生的时候就赋予了我这样的能力。

明明是我白吃人家的饭，那个男人却连连向我道谢。其实，应该接受道谢的人是他而不是我。如果换成是我，恐怕早已在这么恶劣的环境中自暴自弃了。然而他却始终坚强地面对生活，我应该向他道谢才对。

我们还去了哈扎日泊免费学校。在这里，慈善救助团体派人教当地人学习缝纫技术，争取早日自立。由于没钱给每个人都购买缝纫机，学校只好教人们刺绣和制作服装的方法。对于那些因为没有能力自立而遭到虐待的女性，这所免费学校简直就是自由和希望的象征。

后来，我们乘船渡过博多河去了库尔纳。这里正针对小儿麻痹、结核和痢疾等疾病进行预防性治疗的救助工作。儿童救助课题的负责人达亚尔德 · 博纳斯博士透露，这里的婴儿死亡率是125‰，93%营养不良。这与埃塞俄比亚不相上下。

在那里，母亲们能做的事情只是拿着黑铅笔似的东西蘸点儿奶油，涂在孩子眼睛周围，并在额头上画个黑点以祈祷孩子不要生病，仅此而已。慈善救助团体一方面为孩子们预防接种，一方面向妇女传授避孕知识。然而这个国家的文盲太多了，常常有丈夫服用了发给妻子的避孕药，这真让人哭笑不得。韩国慈善团体每年捐助给孟加拉的资金达100万美元，这都是有爱心的人捐献出来的钱。究竟还要过多久，这个国家才能独立生存呢？

“等到8岁的查哈鲁 · 伊斯兰长大的时候，因缺少嫁妆而被婆家打成下身瘫痪的女人应该不会再有了吧。”我怀着这个美好的愿望，离开了孟加拉。

为了那些小小年纪就饱受人世苦难的孩子们，为了那些因缺乏抗生素而失明、不得不消失在死亡和黑暗之中的孩子们，我拿起笔写了这本书。这是我有生以来写作的第一本书，希望它能打动各位读者的心灵。

幸存者的悲哀

也许在许多人的眼里，从前我去过的国家都是以统计数字为众人所知。阿富汗也不例外。在过去的20年间，阿富汗有上百万人死于内战和独裁统治。每5分钟就有1个人死亡，1/10的国民被伊斯兰极端主义者杀害；全国有30%的人口，也就是650万人成为难民。除了那些从南部逃到北部躲避内战，又从北部逃回南部的人，这20年里平均1分钟就有1个人沦为难民。虽然全世界80%以上的毒品交易由这个国家提供，然而这个国家却依然在贫困中苦苦挣扎。

因为长期的战争和屠杀，阿富汗未满14岁的儿童占总人口的50%，平均寿命只有45岁，幼儿死亡率更是以152‰高居世界榜首。读书识字的人口只有25%，是全世界最低水平。在阿富汗，平均每天都会有7个人踩到地雷。到处都竖立着红色尤其描画成白骨形状的地雷警告牌。这个部族对付那个部族，外国侵略者对付阿富汗国民，这样埋设的地雷全国计有1000万颗。无论走到哪里，都会看到很多因为踩中地雷或者不小心碰到地雷而失去腿或者截断手臂的人。前来清扫地雷的外国专家也认识到情况的严重性，便放弃拆除工作，无功而返了。

每个村庄后面都有公共墓地，倒塌的土墙上面留下了枪弹和火烧的痕迹。全世界埋设地雷最多的国家是阿富汗。这里简直就是战争博物馆。燃烧过的坦克残骸、大炮、炸弹、装甲车、军用车、子弹壳，堆积得遍地都是，让人应接不暇。这场悲剧让很多人失去亲人，或者全家失散，还有很多孩子被活活饿死。

至今，阿富汗内战仍在继续。尽管信仰同样的真主安拉，然而不同种族的中东伊斯兰国家却相互倾轧，导致阿富汗游击队之间混战不止。这就是阿富汗的现状。他们打着真主安拉的幌子，疯狂到必置对方于死地而后快的地步。受害者最终都是无辜的平民，尤其是妇女和儿童。

阿富汗是距离海洋较远的内陆国，属于全世界开发程度最低的国家之一，有80%的人口在山村里过着贫穷的生活。海拔3400米的兴都库什山脉宛如巨大的天然屏障，将阿富汗与中亚和印度大陆隔绝开来。过去的几个世纪，许多强国试图侵略阿富汗，但均以失败而告终。前苏联和英国军队曾试图把侵略之手伸向这里，却不得不付出惨痛的代价。他们在丘陵地带遭到突袭，翻越山岭的时候遭遇阻击，常常在没有树木的山坡上被团团包围。根据历史记载，在1842年，由英国士兵和民间人士共同组织一支16500人的队伍入侵阿富汗，撤出首都喀布尔的过程中几乎全军覆没，只剩下一名幸存者。

阿富汗遽然引起全世界的关注，还是2001年9月11日美国纽约世贸中心发生恐怖袭击事件之后，因为美国怀疑幕后操纵者是躲藏在阿富汗的奥萨玛·本·拉登。美国政府要求塔利班政权交出本·拉登，却遭到拒绝。于是当年10月，美国和英国联合向阿富汗发起了猛烈的进攻，导致无数难民失去家园，只能徘徊在国境之外。那些无辜的乡村居民与美国恐怖事件毫无关联，最后却成了受害者和替罪羊。

有人说，要想了解战争的历史，就去研究阿富汗。1979年，为了巩固摇摇欲坠的共产主义体制，前苏联悍然出兵侵略阿富汗。前苏联撤兵以后，阿富汗的种族之间再度爆发了血腥的内战。这个国家的人民恪守“名誉戒律”，主要强调待客、勇气、骑士道、忍耐、自我防御，以及复仇精神。尤其是“复仇精神”，更是引发永无休止的部族矛盾的罪魁祸首。

在这场长达7年的内战之后，即1996年，塔利班组织占领了首都喀布尔。从前，阿富汗的女性还能享受有限的教育、工作和旅行的权利，如今也被他们彻底剥夺了。他们不但禁止播放电影和使用计算机，甚至宗

你今天做的好事，明天就可能被人们遗忘，但你还是要做好事。人们同情弱者，但还是喜欢追随强者，你还是应该多为少数的弱者做些事情。

教音乐之外的任何音乐都不许听；除了《古兰经》的内容以外，学校里的其他教育也被禁止了；女人不得暴露身体的任何部位，从头到脚必须蒙得严严实实，只能穿仅在眼睛部位做成丝网状的黑色的“布卡”。

如果妇女在丈夫死后爱上了别的男人，就会被带到公共刑场，拦腰斩断。尽管塔利班组织犯下了不可饶恕的罪行，然而还是有人拥护他们，称他们为象征和平的“萨拉姆”，是热爱和平的民族，要求人们把宗教信念和人权问题区别对待。言外之意就是西方的人权标准歪曲了塔利班伊斯兰教徒对待妇女的状况。

我绝不同意他们的说法，而且不能不怀疑他们这么说是别有用心。我认为，宗教是人类最高智慧和爱的结晶，对于社会上出现的践踏人权问题，应该积极对抗，应该保护那些受到欺凌和压迫的人们。但在塔利班掌权下的阿富汗却恰恰相反，这里的宗教无视人权的存在，欺压弱者。我不知他们怎么还有脸面说什么宗教信念和人权问题是两回事呢？

在印度西北部由伊斯兰分离主义者控制的查谟和克什米尔地区，当地女人如果穿牛仔裤之类的西方服饰，就会遭到枪支、手榴弹和盐酸的攻击。阿富汗妇女的工作和受教育的权利都被剥夺了，占劳动力总人数40%的妇女再也不能出现在学校、医院和公共机构了。没有男性亲属或丈夫的女人，不是活活饿死就是沦为街头乞丐。女人如果不穿布卡走在街上，就会受到男人们的棍棒痛打。如果说这样的事情与人权无关，这种宗教信念还能算是正确的吗？

总部设在美国波士顿的医师人权协会(PHR，又称医师促进人权协会——译注)最近公布了一份重要报告。该协会对居住在阿富汗首都喀布尔的妇女和以难民身份停留在巴基斯坦的阿富汗妇女为对象，进行了有关人权遭践踏程度的调查。报告称：70%的调查对象承认在过去两年时间里，身体健康状况严重恶化，说占领阿富汗总面积2/3的塔利班男人对妇女的性骚扰几乎是“家常便饭”。大部分调查对象认为自己压力很大，而且患上了忧郁症。80%的调查对象回答说自己的精神状况严重恶

慈悲是人类生存的基础。正因为有了慈悲，人生才有了真正的价值。如果没有了慈悲，那就等于人生失去了基础。（摄影：Steve Mccurry）

化。另外，70%的女性承认，由于没有严格遵守塔利班对妇女服饰的规定，因而有过被塔利班宗教警察或军队逮捕拘禁的经历。

医师人权协会的代表莱纳德·鲁宾斯坦说：

“塔利班政权声称在阿富汗恢复和平，这是我们这个时代最大的讽刺。他们把阿富汗妇女关在家里，威胁着她们的生存。”

欧盟人权委员会主席也指责说：“阿富汗妇女正在遭受愚蠢男人的统治。塔利班正在把妇女变成流浪街头的乞丐，甚至是废人。”

但是，阿富汗政府的官员却反驳说：

“塔利班根据伊斯兰律法尊重妇女。我们让女性穿布卡，是为了保护她们不受异性的侵害。”

谁会同意这种荒诞无稽的解释呢？强迫女人穿上帐篷似的黑色布卡，却狡辩说这是为了保护女人。既然如此，为什么法律还要明文规定，对于违反这条规则的妇女，可以用石头打死呢？这不是难以自圆其说吗？阿富汗是世界上惟一在法律上体现歧视女性的国家。这不仅是歧视女性的政策，而且是抹杀女性人权的政策。他们明明也是躺在母亲温暖的怀抱里长大成人的，却以令人哭笑不得的借口逮捕、监禁、调戏和杀害身为母亲的女性。

朱奈里斯特·娜帕丝出生于阿富汗，如今定居加拿大。一天，仍然生活在阿富汗坎大哈的妹妹在给她的信中说，她要在20世纪最后一个日全食的日子自杀。为了阻止妹妹自杀，娜帕丝决定立刻返回阿富汗。但是，经过伊朗去坎大哈的旅程并不轻松。根据伊斯兰教的教律，娜帕丝必须穿布卡，而且在解救妹妹的过程中极有可能遭遇重重埋伏、抢劫、饥饿和战争。

为了不暴露身份，她化装成某个家庭中的四太太，踏上了重返故乡坎大哈的旅程。但是，她在路上遇到了强盗，独困沙漠。后来，娜帕丝在古兰学校一名被开除学生的带领之下，继续向坎大哈进发。再后来，她因喝了不干净的井水得了病，在附近诊所看病时，得到了“圣战运动战士”出身的医生萨熙德的帮助。病愈后，娜帕丝化装成迎婚人员隐藏在婚礼队伍中，继续赶往坎大哈。可是，日全食的时间越来越近了。

这是伊朗导演穆森特·马克马巴夫执导的电影《坎大哈》。该影片入木三分地刻画了身穿布卡的阿富汗妇女的美丽和隐藏在这种美丽之下的痛苦与悲伤。2002年韩国釜山国际电影节上，该片成为“特别邀请”作品参展。

电影里的萨熙德曾是杀人的“圣战运动战士”，后来成为救死扶伤的医生。他给病人的不是药物，而是分发自己的面包，因为他知道，饥饿之痛要比疟疾更要紧，更有现实意义。实际拍摄的时候，穆森特·马克马巴夫导演也不时停止现场拍摄，给人们分发水和面包。

当塔利班政权用大炮轰炸阿富汗北部巴米扬的全球最大的石佛时，全世界震惊了。所有的人类文化学者和宗教人士站出来谴责，所有的报纸和电视台也相继报道。对此，马克马巴夫导演在文章中这样说道：

“巴米扬的石佛并不是被火炮炸毁的，只是因为羞愧而自行坍塌了。”

人们对塔利班破坏石佛的行为大加指责和抗议，然而却没有人关心阿富汗境内濒临死亡的人们。马克马巴夫导演这番话就是对世间淡薄人情的讽刺。

马克马巴夫导演又继续说道：

“当你看见身穿布卡的妇女，你看到的是外在的美丽和匀称。但是在内部，换句话说，在布卡里面却存在着令人窒息的死亡般的恐怖。这真是怪异的矛盾。她们没有展示自己肉体之美的权利，因此只能使用服装的美丽。”

电影《坎大哈》里有几个令人难忘的场面。娜帕丝一行来到红十字会创办的诊所，遇到了蜂拥而来要假肢的人们。这些都是被地雷炸掉了手脚的穷人。这时，他们突然看到载有救助物资的飞机出现在天空，就拄

如果我在去世之前能让世界变得更美好，能够让别人因为我的存在而幸福，那才是真正的成功。

着拐杖，竭尽全力在沙漠上朝飞机跑去。这时候，飞机空投下了悬挂在降落伞上的假手和假腿。

娜帕丝把准备说给妹妹的希望感言告诉了曾经帮助过自己的医生萨熙德：

“我们都需要有活下去的理由。每当我们痛苦的时候，希望就成为我们活下去的理由。不过，希望也是非常抽象的东西。但是，对于口渴的人来说，希望就是水；对于饥饿的人来说，希望就是面包；对于孤独的人来说，希望就是爱；对于彻底被遮蔽的女人来说，希望就是展示自身的存在。”

这部电影让人们看到了阿富汗的悲惨现状：截去四肢的人和默默背诵《古兰经》、学习武器使用方法的孩子，还有遗弃在沙漠的尸体和饥饿中苦苦挣扎的人们。影片《坎大哈》最后的镜头是女主角娜帕丝混在婚礼队伍中走向坎大哈时，通过布卡的丝网凝望着天边的夕阳。背景是新婚祝歌，却又无比悲凄，几乎就是安魂曲。

马克马巴夫导演还执导过同为阿富汗难民题材的电影《骑自行车的人》。这部电影曾经在韩国电视台转播。据说，饰演女主角娜帕丝的演员是看了《骑自行车的人》才找到马克马巴夫导演，给他讲了个自己的亲身经历，然后马克马巴夫导演就以她的故事为素材而拍摄了这部《坎大哈》。

最近，由马克马巴夫导演自编，其妻执导的影片《女人三部曲》上映了。该片不是用直接的言语、华丽的画面、辛辣的讽刺批评社会的偏见，而是用隐喻、象征等艺术手法留下一些空白，运用平实的语言再现了阿拉伯女性的悲惨命运。这部影片有个镜头至今还深深地印在我的脑海中：一个小女孩在她9岁生日那天，她的奶奶告诉她“看不见树枝的影子时就立即回家”。为了不违背奶奶的规定，小女孩不时往沙地里插树枝。此外，我还记得另一个镜头：在一条处于海滩和沙漠之间的道路上，一群女人骑着自行车，她们面上的黑纱在风中连成一条又黑又长的

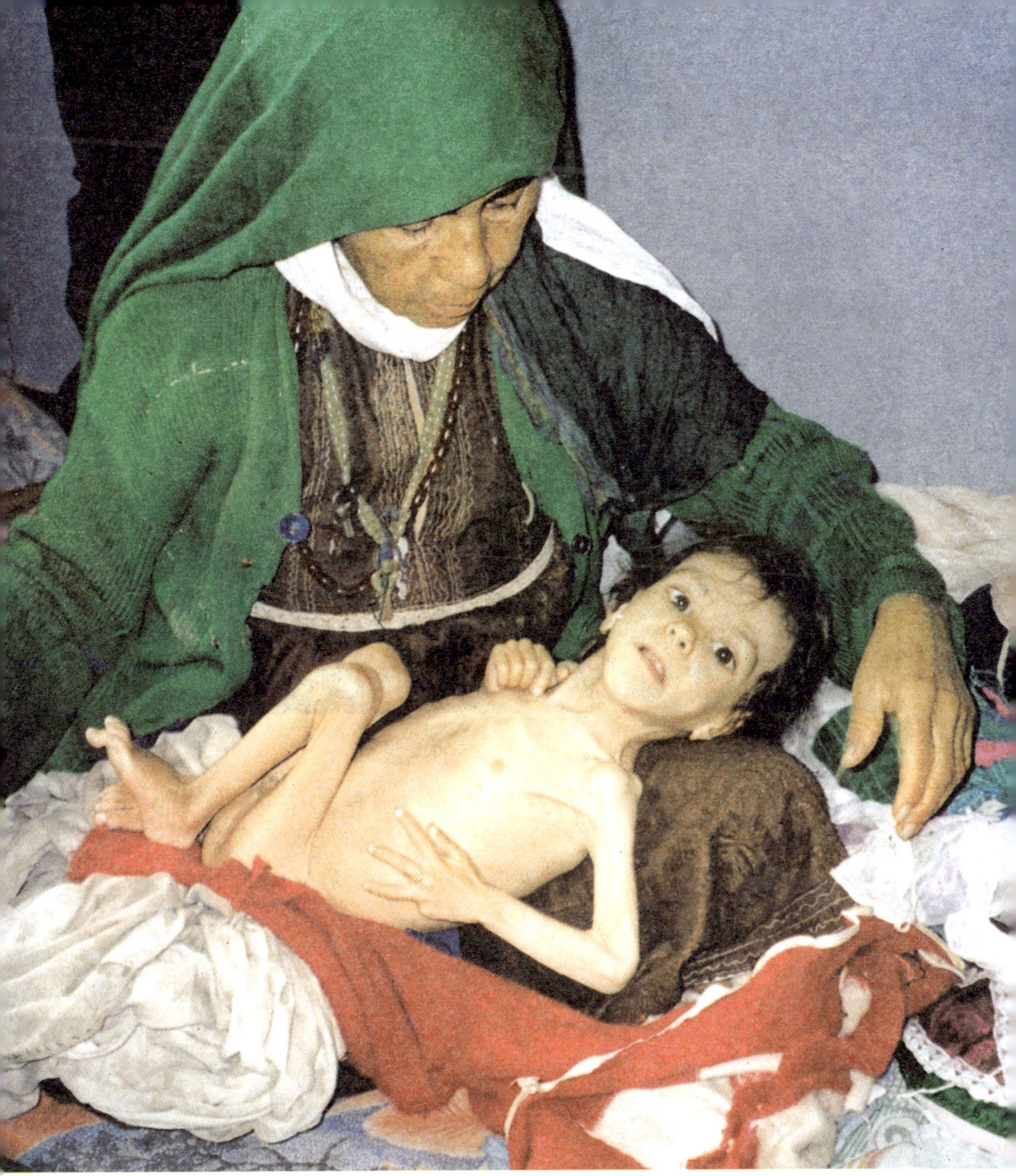

“你在拍我吗？那我能活下去吗？”这个在救济中心遇到的孩子用眼睛向我追问。

丝带。总之，这是一部令人久久难以忘怀的电影。

马克马巴夫导演在拍摄《坎大哈》这部影片时，翻阅了1万多页资料。他以自己收集的资料为基础，写了一篇文章，文章的开头这样写道：

“认真读完这篇文章，需要1个小时左右的时间。在这1个小时的时间里，阿富汗至少有14人死于饥饿和战争。”

孩子，你不能死

为了去阿富汗，首先要去曼谷转机。我在曼谷机场等了大约3个小时，接着又在巴基斯坦停留了一天，然后才乘坐联合国的飞机前往阿富汗的赫拉特。由于没有直飞赫拉特的客机，而要想乘坐联合国的飞机，就必须调整时间。

我们本来只打算在巴基斯坦住一天，现在却不得不在那里度过两个夜晚。因为我们乘坐的是联合国的飞机，却不料联合国工作人员突然有急事必须先走，所以我们只能过几天再离开了。

我们失望极了，失魂落魄地坐在办理登机手续的地方。这时有个检查行李的白人看着我们，露出惊讶的表情。我向同行的人询问怎么回事。原来，他是对我们说："你们……是来自吃狗肉的国家吧？"

当时我非常愤怒。听到这种话，难道我们还能置若罔闻吗？我开始催促同行的人向那个白人提出抗议。我说："我们现在都是什么心情啊，联合国的工作人员竟然不分场合乱说话，还有什么资格在这里工作？"

我们当中会说英语的人向那个白人提出抗议。最后，那个可恶的白人向我们道了歉。随后，我们又回到了前一天住过的酒店。

尽管我们是来帮助他们的，然而这个国家同样要求我们穿着宽大的衣服，头裹围巾，或者戴着帽子，尽可能地不让别人看见自己的身体，所以我们对服装必须格外注意。想到还要在这里度过两天，我就很泄气。

由于伊斯兰堡的天气很热，我们只能老老实实待在酒店里。距离我

如果能找到木柴，就可以把野菜煮熟以除去毒素，然而这里连木柴也没有，只能生吃。如果7天之内得不到救济粮，这些人只能坐以待毙了。这里有15万人都在生吃野草，脸色铁青地等待死亡来临。

们下榻的酒店只有10分钟路程的地方，有个外交官常去的教堂，不知是谁在里面投了手榴弹，炸死了5个人，还有40多人受伤。这里也成了战场！也许是因为这件事让我们心理紧张吧，两天时间很快就过去了。我们终于登上了准乘12人的飞机。检查行李的工作人员换了，没有看见前天的那个白人，真是感谢上帝。小型飞机在风中飘摇不定，岌岌可危地飞过了白雪皑皑的兴都库什山脉。

兴都库什山脉犹如屏风般包围着阿富汗。我们要去的地方就是这个国家的第二大城市赫拉特。这座灰色的城市位于山岳地带，有许多难民逃到这里躲避战争。就算本·拉登真的藏在这里，恐怕也没有人能够找得到。

我们必须从这里翻越无数石头山，经过连续4年干旱如今早已彻底干涸的河床，再乘坐10个小时的汽车，最后才能到达阿富汗世界展望会的所在地。若论实际距离，其实只有从首尔到大田(约167公里)那么远，然而这里没有真正的公路，只能在当地的驴行道上行驶，可是车轮一碰到石头就弹起来，颠簸得很厉害。如果遇到特别狭窄的道路，还要绕走干涸的河床。

雪花漫天飞舞，然而村子里的孩子们几乎个个赤脚，即使穿着鞋子，也只是破烂得连脚趾都露出来的胶皮鞋。他们当然也不可能有袜子穿。也许是感觉冻脚了，他们时不时地把一只脚掌放在另一只脚背上面，纷纷聚集到有阳光的地方。他们的衣服，与其说是衣服，还不如说是补丁摞补丁的破布。也许是为了抵御刺骨的寒风，他们的脑袋上或者裹着破布，或者戴着毛线织成的破帽子。

当地人的主要食品是类似菠菜的野草。这种野草生命力极强，即使没有雨水也能生长。他们没有别的食物，每天只能吃这种野草，大人和孩子的嘴角都变成了野草的青色。据说，如果持续吃这种野草，会对胃和心脏造成致命的影响，严重的会导致双目失明，就跟我们连续几个月吃艾草是同样的道理。

女孩米莉安，因连续吃了几天青草，嘴唇和整个脸颊都变成了草绿色。尽管如此，她的手里仍然紧紧地攥着草。这个女孩子的痛苦要到什么时候才能结束呢？

如果能找到木柴，就可以把野草煮熟以除去毒素，然而这里连木柴也没有，只能生吃。如果7天之内得不到救济粮，这些人只能坐以待毙了。从这个村子的情况来看，阿富汗大约有15万人都在生吃野草，吃得脸色铁青。他们只能苦苦地等待死亡来临。

非洲和亚洲的贫穷国家都得到了国际社会的大力援助，然而阿富汗却处于援助的真空地带。直到美国追捕本·拉登的时候，世人才知道这里有很多无辜的孩子正在无助地死去。

看着这些孩子，我忍不住在心里想，这种事情也许是上帝有意的安排，为了让人来拯救这些即将死亡的孩子。是这样吗？尽管这样说有些对不起纽约世贸中心恐怖事件的死难者，但如果没有这次恐怖事件，恐怕直到现在也没有人会注意到这个地方吧。

这里的孩子们看见陌生人便不停地后退，或者隐藏起来，截然不同于那些经常得到救助的国家的孩子。他们初次看到外人，感觉很恐惧，所以我们即使伸手示意他们过来，他们也常常藏到围墙后面，手里可怜巴巴地攥着青草，惊恐地看着我们。

我们去了5岁女孩米莉安的家。过去的6个月里，米莉安一家6口人仅靠吃草维持生命。孩子们从没洗过澡，头上明明什么也没戴，头发却像是喷了摩丝一样直挺挺地竖着。过了一会儿，原来怕生的孩子也开始向我们靠近了，只是还有些小心翼翼。孩子们都有着黑色的大眼睛，如果洗得干干净净的，肯定是美丽的天使！这样的孩子为什么要承受痛苦呢？因为营养不良，有1/4的孩子不满5岁便夭折了。

但是，那些营养不良的孩子脸蛋却很圆溜。我心里暗自高兴，然而到了救助团体才知道，他们只是脸蛋看起来还不错，脱掉衣服就会发现他们的双腿消瘦得弯弯曲曲。这也是营养不良的症状。前来救助中心的孩子们大部分都长期处于饥饿状态，即使侥幸存活，脑细胞的发育也会受到影响，很有可能成为低能儿。

我们也给这个村庄的孩子们分发了营养粥。但是大人们也跟着吃，

如果能治疗某个孩子的心灵创伤，我就算没有白活；如果我能帮助某人摆脱痛苦，哪怕只有一个人，我也算没有白活。

这使得原本可以让孩子们吃一个月的营养粥，只一个星期就吃得干干净净了。这里的居民说，塔利班已经被赶走了，在真主安拉的保护下，雨很快就会降临了。然而对他们来说，神的保护只是国际救助团体分给他们的粮食。幸好还有韩国等国筹集的救济金，可以给包括山区在内的15万人分发面粉和豆油，足够他们从4月吃到6月底了。

晚上，我们住在救助团体的帐篷里。帐篷没有门，只能以毛毯当门帘，出去进来都得掀开毛毯。我们也只能在睡袋里睡觉。这里没有电源，只能偶尔用发电机供给一点暖气，冷得难以忍受，所以我们睡觉的时候都穿着袜子。夜里我出去解手，掀开毛毯出去，发现水泥地上放着盏灯笼，有个阿富汗男人在我的房间门前站岗。我觉得很内疚，想告诉他不要站岗了。可是如果不让他继续站岗，也就等于剥夺了他的工作，所以我也只能视而不见了。

白天，母亲们抱着瘦弱无力的孩子来到救助中心，我们给孩子吃下营养粥。孩子们吃上一天的营养粥，立刻就有了力气，有的还哭闹起来。看着孩子们哭喊，我也很开心，因为没有力气的孩子想哭都哭不出来啊。

我们在这里停留5天后，接着又沿着崎岖不平的石头路走了3个小时到达了赫拉特。我们的翻译是赫拉特的一位名叫苏哈西的在校大学生。当人们向我们求助说自己没有食物，或者我们为瘦得皮包骨头的孩子们拍照的时候，他就把手插进口袋，满脸哀愁地眺望着远处的群山。我能理解他的心情，看到我们只拍他们国家的穷困场面，他的自尊心一定受到了莫大的伤害。

我对他说：

“我理解你的心情，也知道你一定很难过。你们也有灿烂的文明，然而我们总是拍下你的同胞如乞丐般的模样，所以你感觉受了侮辱。可是，现在不是计较这些的时候啊。我必须尽快让更多的人了解到你们国家的惨状，只有这样才能有更多的人伸出救助之手，帮助你们摆脱困

我相信，
希望可以克服困难，
分享可以治疗悲伤，
爱可以战胜所有的战争和死亡。

境，重新屹立于世界之林。我们的国家也有过这样的历史，所以我能理解你的心情。”

他什么也没说，只是默默地低下了头，看着自己的脚尖。

回来的时候，汽车依然颠簸得厉害，然而因为有了阳光的照耀，我在石头山上发现了来时没有注意到的美丽。因阳光照射的角度不同，前后山的高度也明显不同，这里有时呈现黑色，有时呈现淡灰色，有时则变成柔和的粉红色。我感觉到了没有树木的石头山特有的美丽。这座石头山包含了《坎大哈》女主角娜帕丝的服装的全部颜色。

走在街上，我们遇到许多身穿布卡的妇女，只有眼睛周围是透明的纱网，其他部位呈圆柱形垂落。不过，如果仔细看的话，你就会发现她们的服装并不是单纯的圆柱形，上面有着细小的褶皱，可见就在这有限的设计之中也流露出尽量显得美丽的痕迹。我心里想，布卡里面的女人会以怎样的表情看我们呢？

阿富汗，这个战争连绵不绝的国家，历史悠久的丝绸之路上的国家，由于埋藏着大量石油而令强国虎视眈眈的国家，却仍然保持着固有的神秘。如果没有战争和饥饿，这里该是多么美好啊！

我们来到赫拉特后，准备回首尔了。回去的路线多少有些复杂：从赫拉特到坎大哈，再到巴基斯坦的伊斯兰堡乘坐国内线路去卡拉奇，最后再去曼谷中转回到首尔。

飞机要在坎大哈停留20分钟，因此我们改换飞往卡拉奇的国内航线的时间就很紧迫了。如果错过那次航班，不知道还要停留多少天了。我于是恳求飞行员：

“我们必须赶上7点钟飞往卡拉奇的航班，怎么办呢？帮帮我们吧。”

最后，需要在坎大哈下飞机的乘客全部下去以后，飞机立刻重新起飞。真是太感谢这位飞行员了。

在这次一个半小时的飞行中，飞行员为了我们而超速飞行，如果换成是汽车，那就是严重违章了。不料，我们遇上了大雨和冰雹。雨水和冰雹敲打着操纵席，飞机像荡秋千似的左右摇晃。

我牢牢地抓住前面座位的靠背，注视着操纵席计速器的指针。机内其他6名乘客几乎吓得魂不附体，低头盯着机舱地板，不停地祈祷。奇怪的是，我竟然对死亡毫无畏惧。也许是因为我看过了太多太多垂死之人，死亡早已不是什么特别的事情。我有时反而觉得自己活着很奇怪。

飞机安全着陆后，飞行员冲我笑了笑。他笑得很亲切，我也露出了回报的微笑。

不过，孩子们，你们还不能死！尽管死亡算不了什么，然而你们还是不能死，一定要活下来。想到你们的黑眼睛永远闭上，再也睁不开，我的心就悲恸欲绝了。只要想到这些，我就会情不自禁地泪流满面。

第三章
天使在人间

我愿把双眼借给世人，
让他们看看这些受苦的孩子。
我愿把双臂借给世人，
让他们紧紧拥抱这些受苦的孩子。

幸福背后的不幸

早晨，我睁开蒙胧的双眼，透过半遮半掩的窗帘，遥望着与天际温柔相接的远山。灰蒙蒙的天空下，落了叶的洋槐树静立在山坡，仿佛在冥想。几只调皮的山雀飞来飞去，一会儿落在小树枝上，一会儿又飞向天空。树干依然纹丝不动，可树枝却不断摇摆。几只小鸟的一丁点儿力气，竟然能使树枝摇摆不停。

我本人信奉宗教，可有的时候却厌恶宗教，而且是讨厌所有的宗教，因为人类历史上引发战争最多的就是宗教。我曾经想，如果这个世界上没有什么宗教或神灵，也许人们的生活会好得多。真希望什么来世、天堂和理念统统不存在。我讨厌这一切。我希望这个世界只有单纯的人类和动物，以及花草树木。这样就不会有战争了。

在刚刚过去的100年里，地球上没有战争的日子仅仅只有14天。在无数的战争之中，即使由宗教引发的战争只占1/10，全世界的宗教人士也应该对此反省和忏悔。然而，事实上这样的战争却超过了9/10，并且依然在继续引发新的战争。

我去过很多国家，可是我非常讨厌国境这个东西。每当我去别的国家，在机场办理入境手续的时候，就会感觉在划定的特定区域内，挨个对入境者进行检查的手续是那么繁琐，让人觉得有些可笑。想想看，小草并没有加盖什么印章，却在国境线上生长；动物们甚至在国境的这边吃草，却跑到那边去排泄。

我们人类为什么口口声声说什么信奉创造世界的惟一的上帝，却在

钟，没人敲就不是钟；歌，没人唱就算不上歌；爱，没有付出，就绝不是爱。

地上划分界线，为了夺取政权不遗余力地杀死对方呢？信奉上帝的人啊，当你们向别的国家发射导弹的时候，为什么还会向上帝祈祷胜利呢？不管是上帝也好，还是真主安拉也好，都应该是对人类博爱的象征，难道不是这样吗？

他们祈祷的时候，知道导弹瞄准了谁吗？理念和宗教冲突中最大的受害者是妇女和儿童，这些他们不知道吗？

我在日记本上贴了一段文字，这是我看报纸的时候剪下来的。伊拉克战争爆发时，有位就读于美国坎宁安中学的13岁伊拉克女孩在美国国内举行的反战集会上发表了题为《你们应该想起我的样子》的演讲。过去11年间，我辗转世界各地，亲眼目睹了大量成为战争牺牲品的痛苦的孩子，所以这篇演讲稿深深地打动了我，引发了我内心强烈的共鸣。

提起向伊拉克发射导弹，人们想到的总会是身穿军装的萨达姆·侯赛因；或者手里拿着枪，留着浓黑胡须的军人；或者写在阿尔拉西德酒店地板上的“罪犯”两字；或者用马赛克镶嵌在地板上的美国前总统乔治·布什的面孔。

可是，你们知道吗？生活在伊拉克的2400万百姓当中，一半以上都是像我这样不满15岁的儿童。我今年13岁，他们可能比我大，也可能比我小很多；他们可能是男孩子，也可能不像我这样长着满头的红头发，而是褐色头发。但是，他们的模样应该跟我差不了多少。

请你们看着我，慢慢地，多看一会儿。当你们准备向伊拉克投放炸弹的时候，脑海里应该先想想我这样的孩子们。因为，我就是你们想要杀死的那个孩子。

如果我运气好，说不定会在1991年2月16日藏身在巴格达的防空洞，像那些中了你们发射的炸弹而丧失生命的300多个孩子那样当场死亡。那天的空袭引发了严重的火灾，躲在墙角的孩子和母亲们都被烧死了。为了纪念你们的胜利，说不定你们还会带走在乱石堆里已被烧得焦黑的尸体。

可是，如果我运气不好，也许会像其他孩子一样，慢慢受尽折磨而死，就像现在躺在巴格达儿童医院“死亡病房”里的14岁的阿尔里·

你只要停下脚步，睁开双眼，就能看见自己为世界上受苦受难的孩子们做了什么。

帕伊扎尔一样。他因海湾战争中使用的贫铀弹而患上了恶性淋巴癌。

也许我会像只有18个月的姆丝塔帕，被那种名叫“白蛉”的寄生虫吞噬内脏器官，在痛苦中无可奈何地等待死亡。也许你们很难相信，只要有价值25美元的药物，姆丝塔帕的病就能彻底治愈。可是，你们对伊拉克进行了经济封锁，所以伊拉克境内没有这种药物。

也许我不会死，而是像沙尔曼·萨尔满·穆罕默德那样患上表面难以发现的精神疾病。1991年，你们轰炸伊拉克的时候，沙尔曼和他的妹妹幸免于难，然而直到今天，他仍然不能摆脱当时的恐惧。沙尔曼的父亲让全家人在一个房间里睡觉，抱定想法：要么全家一起活，要么一起死。沙尔曼至今仍然生活在空袭警报的噩梦里。

也许我会像海湾战争中因为你们而失去父亲的年仅3岁的阿尔里，变成举目无亲的孤儿。3年来，阿尔里每天都到父亲的坟前，打扫上面的灰尘，跟父亲说：“爸爸，现在好了，您快出来吧，把您关在这里的人都已经走了。”可是，阿尔里错了，因为把他父亲关起来的那些人好像又来了。

也许我会像卢阿伊·马耶德那样，若无其事地迎接战争，甚至因为海湾战争的爆发而开心，因为他可以不用上学了，也可以很晚才睡觉。可是现在，卢阿伊已经没学可上了，只能靠在街头卖报为生。

请你们把这些孩子当成你们自己的孩子，或者侄子、外甥，或者邻居家的孩子。你们想一想，假如你们的儿子四肢被截，在痛苦中挣扎，而你们却无法减轻儿子的痛苦，更不能让他过上幸福的生活，只能束手无策地看着，你会怎么样？

假如你的女儿被压在倒塌建筑物的破砖烂瓦之下哭泣，然而你却无力救她，你会怎么样？假如你的孩子们亲眼目睹你的死亡，然后穷困潦倒，孑然一身辗转于大街小巷，你会怎么样？我所说的这些既不是功夫片，也不是科幻片，更不是电脑游戏，而是伊拉克孩子们活生生的现状啊。

最近，有个国际调查团来到伊拉克，准备了解在可能发生战争的情况下，孩子们会受到怎样的影响。调查团遇到的孩子当中，半数以上都说自己没有必要再活下去了。就连很小的孩子也知道战争是什么，而且对战争充满了深深的恐惧。调查团问5岁的阿萨姆，战争是什么？阿萨老师教导我们，如果和别人发生矛盾，不要使用暴力，也不要辱骂对方，而要与对方通过谈话来解决问题。

姆回答说，战争就是“因为枪和炸弹，让天气变得忽冷忽热的，我们也被火烧死”。

我上小学的时候，老师教导我们，如果和别的孩子发生矛盾，不要使用暴力，也不要辱骂对方，而是使用“我”这个字眼与对方通过谈话来解决问题。使用“我”与对方交流的时候，比较容易理解对方的感受和立场，也能让对方理解自己的感受。如果对话时采取这种方式，有助于停止彼此伤害。我想对你们说，如果把伊拉克受伤害的孩子们当成是你们自己，也就是“我”想一想吧。如果是这样，“我”就会变成“我们”。

正如所有生活在伊拉克的孩子们，“我们”每天都在束手无策地等待着某种残忍事情的发生。“我们”不能像世界上其他的孩子那样决定什么，所有的结果都只能让我们承受痛苦的煎熬。现在，“我们”的声音太微弱，太遥远，谁都听不见“我们”的声音。

当我们不知道自己什么时候会死的时候，我们会感到恐惧。当有人准备杀死我们，或者试图伤害我们，或者企图夺取我们的未来的时候，我们会感到无比的愤怒。当我们祈祷明天爸爸妈妈仍然能活在这个世界上的时候，我们会感到深深的悲伤。最后，当我们不知道自己到底做错了什么的时候，我们会感到很困惑。

我回想起以前去过的国家。从埃塞俄比亚到索马里、卢旺达、孟加拉、老挝、越南、中国、柬埔寨、波斯尼亚、印度、肯尼亚、乌干达、朝鲜、阿富汗、塞拉利昂……下一站我要去伊拉克。埃塞俄比亚我去过两次，印度则去了6次。

诚然，世界上有很多快乐健康的孩子，然而对于我去过的那些国家，孩子们还没等过完自己的人生，就因战争、饥饿和自然灾害等问题而在难以形容的痛苦中死去了。

那些孩子在呼唤着我。11年前，我初次看见那些孩子后，不管我是否愿意，他们就跟我的命运紧紧地联系在一起了。我见过的孩子们随时都会来找我，甚至走进我的梦里来找我。当我想去高档酒店的西餐厅里吃晚饭的时候，当我想买价格昂贵的手提包的时候，他们就开始声声呼唤我。这些钱可以让500个孩子吃一天的饭，这些钱可以让10个孩子读1

年的书。这种下意识的计算已经成为我无法舍弃的习惯。于是，我再也不忍心花钱了。

第三次去印度的时候，我听说在马杜赖，第一胎无论是男孩还是女孩都无所谓，但是从第二胎开始，如果生下来的是女孩，母亲就连续3天不给她喂奶，然后到田野里挖一种叫“奥尔里安达”的毒草，放进开水里煮，并撑开婴儿的嘴巴喂进去。这样一来，孩子就会在5至10分钟之后死去，人们这样做是为了减少一个吃饭的人。

马杜赖附近还有个地方，在婴儿出生3天之后，母亲特意做出较硬的米饭，然后张开孩子的嘴巴，塞得满满当当。这样一来，新生婴儿肯定会因喉咙堵塞窒息而死。想到这些事情，我几乎要发疯了。如此残忍的事情竟然是妈妈亲手所为。她们的乳房胀得鼓鼓的，怎么也应该先让孩子吃个够，然后抱着孩子一起死啊。那些妈妈竟然杀死孩子，独自活了下来！据说，因为上帝自己不能无处不在，所以他才创造了妈妈的角色。可是，为什么还会有这样的悲剧发生呢？

听说那些妈妈杀死自己的孩子以后，会不吃不喝连续哭上10天，然后再回到正常的生活，或者到其他杀死孩子的人家陪哭。不用说大家也知道，她们是因亲手杀死自己的孩子而哭泣！我去的时候，那些妈妈正聚集在类似乡村会馆的地方，有的杀死了一个女儿，有的甚至已经杀死了两三个。

刚听到这些事情的瞬间，我的大脑就忽然变得一片空白。我仿佛听到那些可怜的小灵魂在问我：“既然出生3天就把我杀死了，为什么还要把我养在肚子里10个月呢？”

“不是人，不是人，真是禽兽不如啊！”我忍不住这样咒骂。

在回程的飞机上，我失声痛哭。我知道，我不应该恨那些妈妈，她们身边还有第一个孩子，所以她们不能死。坦率地说，抱着新生的婴儿同赴黄泉，真的比活着要容易得多。别人根本无法想像那些妈妈们的心情，我却咒骂她们不是人，心里感觉无比内疚，于是忍不住哭了。

我常常感觉自己生活在两个截然不同的世界里。一个世界遍布着即

印度是人口众多的国家，总共有4亿多个儿童。今天，这些儿童当中的40%生活在贫穷恶劣的环境之中。（摄影：Tarum Chhabra）

将饿死的孩子和妇女。在这个世界里，有个瘦得皮包骨头的女人，为了得到一片面包，赤脚走了几十公里的路，她的家人还在疾病和饥饿中呻吟。在这里需要难民营的救助人员做决定的不是先给谁治疗，而是决定谁的营养不良症状最为严重，应该先放弃谁。然而就在这种状况下，还有人继续发动战争，威胁着他们脆弱的生命。目睹了这一切，我极度绝望，甚至连站立的力气都没有了，只能当场跌坐在地，把头埋在两膝之间，放声痛哭。

这里是我生活的另一个世界。早晨睁开眼睛，看着柔和的阳光透过窗帘缝隙照射进来；耳边回荡着清新空气中鸟儿愉快的鸣叫声；到处是邀请我参加的豪华盛会，和知名人士共享美餐；浴缸里荡漾着温暖的水；看见我醒来，我们家的小狗“公主”立刻跳上了床；帮我们做家务的阿姨用托盘端上了刚做好的新鲜果汁……

来到庭院，去年和前年种的杏树、樱花、青梅花温柔地向我招手，青青的草坪和黄色的水菖蒲微笑着迎接我，似乎在问我：“我漂亮吧？”前几天，在我们家庭院上空飞来飞去的喜鹊，未经主人允许，擅自筑起了巢穴。我喜欢的木桌上散落着昨天夜里凋落的花瓣。青梅树上挂着的风铃，微风吹拂便轻轻一碰，清脆悦耳的铃声在半空里回荡。此刻，我真的很幸福。

汽车擦得一尘不染、闪闪发光，还有值得信任的司机师傅，不管什么时候去什么地方，他都会万无一失地把我准时送到。而且会一边温柔地向我问好，一边帮我打开车门。我不用说什么，他就会播放我喜欢的音乐。伴随着马友友演奏的巴赫《无伴奏大提琴协奏曲》的旋律，汽车在灿烂的阳光下飞驰。突然，我想起了赤脚走在阳光下的可怜的孩子和女人，仿佛我的汽车驰骋在非洲的某条街道上。车内，《无伴奏大提琴协奏曲》的旋律依然平静地洋溢着；车外，站在战争废墟上的饥饿孩子们就像慢镜头从车外掠过。这就是幸福背后的不幸！

沦为难民的人

地球上生活着很多种族和族群。根据肤色、语言、宗教和出生地的不同，分成各个族群。每个族群都有独特的文化和风俗。

除此以外，世界上还有另外一个种族，他们由弱者组成，诞生于20世纪的战争和偏见，这个新种族的名字就叫“难民”。他们为了躲避外患、内乱、独裁和饥饿等而离开祖国，背井离乡，流浪在世界的各个角落。全世界的难民当中有80%是妇女和儿童，您知道吗？

全球因为种种原因不得不离开难以生存的故乡和祖国，衣不蔽体、食不果腹地流浪的难民已经超过了2100万人。全世界难民最多的是巴基斯坦人，仅在中国和北非各地就有320万巴基斯坦籍难民。在长期内战的阿富汗，难民人数也高达270万，占总人口的10%。这些难民纷纷越过国境，逃到巴基斯坦和欧洲等地。

去年，获得柏林电影节最佳影片奖的英国电影《在这个世界上》，就是一部描述了两名阿富汗难民为离开因战争而变得荒凉、颓败的祖国，一路乘坐巴士、卡车和轮船来到欧洲的故事。这部电影以纪录片的形式刻画了两个年轻人的艰难旅程。

据联合国难民署统计，全世界“正式难民”有1100万，但是为了寻求安全而离开祖国的“实际难民”却达到了2145万。难民为了躲避眼前的危险而逃跑，却不得不面临饥饿、疾病、暴力和绝望等新的危险。由于国际社会的援助还远远不够，不管逃到哪里，难民都摆脱不了死亡的威胁。在非洲地区的难民营，强奸引起的艾滋病，正在呈逐渐加快扩散速

即使自认为已经没有能力帮助别人的时候，只要我看到在贫穷和苦难中煎熬的人们，我还是尽力去帮助他们。（摄影：Steve McCully）

度的趋势。

在联合国艾滋病机构工作的非洲职员日威革指出：“强奸肆虐，人们已经失去了遵循社会道德和习俗的生活。”

他还指出：“难民营里的难民有95%是妇女和儿童。在这种情况下，军人和其他男性对妇女的奸污变得很常见。”

肯尼亚难民营里生活着4万名索马里难民，然而这里也无法成为妇女的避难所。妇女和儿童无一例外地被动员去捡土豆，而且此地到处都是强盗和强奸犯。如果想离开难民营，必须向联合国难民署递交放弃保护的申请书。

在世界儿童救助机构“拯救孩子”发表题为《战争把我们赶到这里》的报告中指出，因各种战争而离开故乡，辗转于避难之路的世界儿童难民多达1300万。仅非洲安哥拉一地，因持续30年的内战，就使得100万儿童流离失所，面临炸弹、地雷和疾病的威胁。在佛教国家斯里兰卡，也有25万名儿童沦为难民。

这1300万名儿童战争难民的平均避难时间是6年。由此可见，他们人生中最重要的天真时光就在流浪中度过了。在塞拉利昂，数千名儿童或惨遭屠杀，或被砍断四肢。在哥伦比亚，也同样发生了这种残忍的屠杀儿童事件。很多国家甚至要求儿童上战场。

在2002年的联合国难民署举行的“女性难民”主题讨论会上，高级官员路德·卢柏斯说：“在所有的难民营里，妇女都在担负着维持生计的重任。难民营的妇女和儿童时常成为人口买卖、强奸和集体大屠杀的对象。”

分布在巴基斯坦和伊朗等地的阿富汗妇女和儿童难民，大多从事擦皮鞋、织地毯或者加工玻璃等繁重的劳动。很多人都是用一天的收入养活一家人。相对于成年男性而言，她们对地雷等危险物品的警惕性较差，因此常常在回家的路上成为埋藏于小胡同的地雷的牺牲品。

获得2000年首尔和平奖的联合国难民署高级官员绪方贞子，在获奖感言中这样说道：

“当今世界的战争，都源于对立的宗教信仰或者种族组织间的紧张关系，很多人却把无辜的善良平民当作攻击目标。拯救难民的生命，保护难民的权益，解除难民的痛苦，这才是我们所有地球人的共同使命。”

正如绪方贞子说的那样，难民是跨越无数界线的人。首先，他们要越过国境逃亡，成为难民。其次，他们还要越过疾病和饥饿、暴力和歧视的生死界线。这些残酷的界线由我们为他们划定，当然也应该由我们为他们擦除。

只要沦为难民就意味着没饭吃，没衣穿，没房住，生了病得不到治疗，没有接受教育的机会，更没有工作。而且，他们面对敌人的迫害束手无策，受到不公正的待遇，遭到社会的冷漠对待。当前是人类历史上最富有、科技最发达、人类生活条件最优越的时期，然而难民们的痛苦却仍然在延续。解决这些问题的方法只有“分享”，把我们自己拥有的东西分出去一点，哪怕只是一点点。

在这本书中，我罗列了很多统计数字。也许有些读者会觉得这些数字很乏味。身为演员，因为我不能将我亲眼目睹的痛苦人们展现在各位面前，也无法表现那些流浪于路途、备受饥饿折磨的孩子们的目光和面孔，我很着急，也很郁闷，所以只好不停地列举数字。

然而，仅仅通过统计数字来理解还远远不够，因为他们也有如你我这般高贵的生命，他们也是追求爱、追求幸福和和平的人类。有本《幸福论》的第一节这样写道：

“人生的目标是追求幸福，这是显而易见的事实。不管你是否信仰宗教，也不管你信仰何种宗教，我们都希望你的人生变得更加美好。因此我相信，人生的全部行为都是以幸福为追求的目标。”

是的，我见到的孩子和女人们的眼睛里也充满了对幸福的渴望，她们也希望自己的人生变得更加美好。我们应该读懂她们的眼神，而不是仅仅停留于对统计数字的理解。如果不能这样的话，作为本书的作者，我只会更伤心。

《田园日记》和我

提起我的演艺生涯，就不能不提《田园日记》这部电视剧，因为它是我演艺生涯的重要组成部分。也是因为《田园日记》，我被人们誉为韩国女人的模范、韩国母亲的榜样。《田园日记》每两个星期录制一次，所以在录制《田园日记》的同时，我还可以出演其他我喜欢的电视剧。我记得参演的电视剧有《女人为谁而活》、《沙之城》、《冬日迷雾》、《爱情是什么》、《妈妈的海》、《玫瑰与豆芽》等；出演的电影有《晚秋》、《蛋黄酱》等；话剧《19和80》和《第二春》都是我在《田园日记》的间隙参加演出的。

《田园日记》刚开始拍摄的时候，我的全部精力都投入到母亲的角色中了，根本没想过演别的电视剧。然而很多记者却报道说，《田园日记》不过是一部农村题材的电视剧。我对这样的说法特别不满意。这部电视剧只是以农村为舞台，并不是真正意义上的农村题材。这是一部人文电视剧，讲述了我们已经失去因此无比怀念的人类的心灵。通过拍摄这部电视剧，我学会了做人之道，当然还有对人性的思考，也明白了怎样才能智慧地生活，怎样才能拥有美丽的人生。

不仅对我，对于很多人来说，这部电视剧都像一部教科书。虽然每集都是独立的故事，却照样能打动观众的心灵。因为有趣，因为令人心酸，因为动不动就说脏话，因为暗恋会长的一龙母亲那么可爱，因为每当有事发生的时候，本来默默无语的会长突然说出的话都是那么精辟而感人。

剧中的我是侍奉婆婆，照顾丈夫，还要养育子女，跟儿媳妇一起生活，从不敞开心扉的母亲。偶尔伤心时就坐在仓库里，喝着丈夫喝剩的白酒发呆，那样子看上去真的好可怜啊……好像这就是韩国妇女的真实生活。

剧中的大儿子想做诗人，最后却到了国家机关——郡政府担任课长。他喜欢上下班时间骑着自行车走过鲜花摇曳的乡间小路。

二儿子跟着父亲种田，为人正直，而且深爱着自己的土地，但偶尔也难以克服身为农民的悲哀和失落。他想过去首尔打工，不过只是想想而已，从不付诸行动。

大儿媳深爱丈夫，虽然她毕业于首尔的名牌大学，却还是嫁到了这个家庭。偶尔她也会怀疑自己的选择是否正确，但她的确是个有智慧的女性，能把整个家庭经营得和和美美。二儿媳自私自利，却得到了奶奶的宠爱，真是个令人讨厌不起来的儿媳。

金会长把流浪在街头的5岁小孩金东带回自己家，当成自己的小儿子。此外还有一龙妈妈、一龙、一龙媳妇、一龙的女儿福吉、邻家老爷爷和年轻人、大婶们都是剧中令人难忘的角色。

还有我们的小狗三月，电视剧的成功它也功不可没。摄影棚没有围墙，也没有大门，然而它总是寸步不离开会长家——摄影棚。除了会长的家人，只要有外人走进庭院，它就会不停地狂吠。

这真是一部有口皆碑的电视剧。国会议员早晨见了面，就开始谈论星期二晚上8点播放的《田园日记》。前一晚电视剧里的人物如果吃了猪肉，第二天早晨超市的猪肉就会被一抢而空。某个家住美国的侨胞，儿子娶了美国女人做儿媳，婆婆便用《田园日记》的录影带教儿媳韩国礼节，还特意在录制节目的日子里带着蓝眼睛的儿媳妇来到现场，教儿媳向长辈行屈膝躬身的大礼。

这部电视剧不仅对远在海外有思乡之情的侨胞们是个慰藉，也让国内的观众恍然大悟，原来这才是人性化的生活，从而产生了和睦过日子的念头。韩国文化电视台(MBC)之所以能够成为电视剧的王牌频道，可以说是这部电视剧的巨大贡献。

自这部电视剧开播10年以来，我都满怀信心地扮演着母亲的角色。剧中有场戏，是描写金会长家刚安装电话，没有娘家的母亲在家人都睡着的时候，躲在被窝里给自己已经去世的母亲打电话的故事。这是非现实的表演。我对导演说，除了必要的工作人员，请其他的人都出去，这样才能以最真实的心情完成表演。这一集播出以后，我的演技在很长时间内始终得到很高的评价。

儿媳妇成为这个家庭的成员已经很久了，母亲要把仓库钥匙交给她。"仓库钥匙"的故事分两集播出，我不遗余力地表现出了懂得适时交出权力的母亲那种难以掩饰的失落。有位大学生看完那一集很受感动，为了能和我合作而最终选择做了导演。

这部电视剧没有贯穿始终的主角，每个故事都有特定的中心人物，换句话说，剧中的人物个个都是主角。现实生活中不也是这样吗？我们每个人都是自己人生的主角。我说的对吗？

但是，电视剧开播10年之后，问题也出现了。由于编剧没有了可写的素材，拒绝继续创作，说自己再也写不出更多的故事了，我们完全可以理解。排练时因为悲伤而哭泣，因为幽默而忍俊不禁，因为觉得有道理而连连点头，我们无法要求编剧无穷尽地创作出这么好的内容。

现在回想起来，当时我们应该放弃才对。从那时起，《田园日记》就走上了下坡路。不过，瘦死的骆驼比马大，这部电视剧还是支撑了三四年。不过由于中间更换了好几个编剧，每次人物的性格都发生了变化。每次接到剧本以后，我首先要做的就是改变我演了10年的母亲的说话语气。可是，这种改变毕竟存在许多问题。

尤其是父亲和母亲这两个角色问题更大。本来沉默寡言的父亲变成了唠叨不休的人，本来智慧过人的母亲变成了长舌妇。台词的修改也有问题，既然不能重写整个故事，也就只能这样了。结果，练习台词的时间变成了讨论修改对话的无聊时光。

父亲和母亲的性格变化最大，我当然也有很多不满。最后，父亲只好默默地拨弄算盘，或者在水龙头旁磨镰刀；母亲则坐在廊台上，观察着家人的进进出出。开播时温暖亲切的人物褪色为城市里随处可见的自私自利的庸俗人物。

最初的感动日渐消失了，我终于忍无可忍。等到开播将近20年的时候，我几乎是痛苦不堪地继续着这部作品。我戴着白色的假发套，呆呆地坐着，变成了无需任何创造性演技的木偶。从前那个智慧的母亲消失得无影无踪，变成了和儿媳们拌嘴的庸俗老太婆。

由于连呼吸都得努力调整地创造人物，我的激情终于都耗尽了。这对于演员来说，无异于死亡。

我曾经几次告诉电视台，我真的想放弃了，甚至还提议让我在去穷困的小女儿家的路上死于交通事故。我想，如果母亲这样虚无地死去，关于人生虚无的话题也会多起来，父亲凄凉独坐的样子，以及再婚的问题，可以讲述的故事就更多了。连续几年，我反反复复地恳求电视台，我再也不想演《田园日记》了。

这段时间，《田园日记》的播出时间从星期三提前到星期天，并从上午11点改到9点。《田园日记》简直就是一条变色龙。由于作为背景的乡村逐渐变成了城市，我们只好寻找其他更像乡村的地方，于是远赴青州，拍摄村庄路人行走的镜头。人们见到我，常常这样问我：

“我真的很喜欢《田园日记》，现在是星期几播？”

最后，我终于宣布：再也不演《田园日记》了。对于曾经合作过的其他演员，我真是无法掩饰我的歉意。然而我再也不想戴着白色的假发套，像傻瓜似的呆呆地坐着了。哪怕这辈子只有这次表演的机会，哪怕这样的机会再也不属于我，我也要放弃了。

创造了韩国电视剧历史上最长寿的纪录，持续了22年的《田园日记》终于在2002年12月落下了帷幕，前后共计1088集。直到现在，乘坐出租车的时候，偶尔我还会听到司机们说：“《田园日记》结束了，其他电视剧真没意思。看到《田园日记》那里面的面孔，是那么亲切……”是的，人们看的已经不是《田园日记》的故事情节，而是因为那些熟悉的人物才喜欢这部电视剧的。我希望各位观众能够理解我，一个演员如果呆呆地坐着不动，真是再痛苦不过的事情。戴着白色的假发套，什么也不做，却照样拿片酬，也许有人觉得我很舒服，然而对我来说，这比死亡还要痛苦。

既然有开始，就注定会结束。我的代表作《田园日记》，终于在不知不觉间结束了，就像其他所有的电视剧，就像人生这出戏。

有时，人们问我：

“现在你去非洲和亚洲帮助贫困的孩子，这件事你准备做到什么时候？打算做几年？”

我这样回答：

“直到我生命结束为止，因为这不是拍电视剧，那里真的有很多濒临死亡的孩子。”

我不想过一成不变的生活

当我第一次说出想当演员的念头时，父亲对我说："伟大的演员就要像大文豪托尔斯泰一样，可以对世界产生巨大的影响。要想成为演员，最重要的是多学习。"那年我21岁。父亲先后在日本和美国获得经济学博士学位，回国之后担任卫生福利部的次官。我是父亲的三女儿。我不知道自己有没有成为父亲所说的那种演员，虽然我为成为这样的演员付出了一切。

小时候，我很喜欢看电影，心里一直怀着当演员的梦想。当我看着《丧钟为谁而鸣》、《第三个男子汉》、《明天就来不及了》、《伊甸园之东》、《圣女贞德》、《刑警》、《暴君焚城录》、《小酒店》、《安娜日记》、《大路》、《我青春的玛丽安娜》等这些优秀电影时，常常把自己想像成为电影的主人公。

可是我就读的初中和高中都很沉闷，不适合我拥有这样的梦想。尽管如此，性格内向的我还是强烈地渴望成为演员。不管我怎么克制，怎么压抑自己，梦想总是泛滥，我实在无法阻挡。最后，我参加演员考试，迈出了成为演员的第一步，并最终成了演员。那是大学二年级寒假里的事情。结束了为期6个月的培训后，我第一次参加表演。当时，我扮演的是女主角，是名与继母矛盾重重的女大学生。

从前的事情大多已经忘记了，然而有些事却记忆犹新。我只记得当时自己就像一个木偶，手指一动不动，只是努力想着背过的台词。朋友给我写信，说她在看那部电视剧的时候，为我紧张得手被汗水湿透了。

我很绝望，怪自己无能。通过那部作品，我结束了短暂的表演。我只是渴望，却没有为做演员打好基础。做了21年的梦破灭了，我觉得自己当时的选择错了。身边的人们安慰我："刚开始都是这样。"可是我却羞愧得无地自容。

后来，我为了摆脱这种挫败感就结婚了。再到后来，我生了孩子，很快就被孩子迷住了：玲珑而娇嫩的脸蛋，可爱的单眼皮……我无数次亲吻孩子的眼睛，还有那虽然很小，却具备完整形状的耳朵和小手指甲。有时候，看着孩子睡觉时脖子周围跳动不止的血管，我也会胡思乱想："要是停止了跳动，那该怎么办？"父亲曾经送给我婴儿大小的布娃娃，我无数次地拿它练习给孩子洗澡，所以我的婆婆常常称赞我："你怎么把孩子照顾得那么好啊？"婆婆还说："你的奶水真好！"孩子是造物主创造的神秘。我大门不出，二门不进，每天都在家里照顾孩子。

"这孩子真漂亮！"

为了听到别人这样的夸奖，我常常穿上漂亮的连衣裙和高跟鞋，背着孩子去人多的市场。看到我背着的孩子，人们都说："哎呀，太漂亮了，以后肯定会有很多男孩子喜欢。"我就心满意足地回答说："不，他就是男孩子。"只是为了听到别人的赞美，我几乎每天都要背着孩子出去，风雨无阻。

4年的时间转瞬即逝。这时，孩子也有了他的好朋友，我突然感觉百无聊赖了。当年我想做演员的梦想哪里去了？这就是我人生的全部吗？我的日子开始变得缓慢起来。一次偶然的机会，我遇到了演话剧的高中学长，于是就开始演起了话剧。

那年我26岁。我迷上了话剧，并且演出了《友达啊，不要等到鸡叫》、《兔子和炮手》、《萨哈林斯克的天与地》等话剧作品。凭借《兔子和炮手》，我还获得了《韩国日报》颁发的话剧新人奖。由于我很少和人打交道，当时都不知道自己成为候选人的消息，更不知道在哪里颁奖。有一天，我正在家里看电视，突然听见新人奖的部分念到"金惠子"的名字，我还以为是另一个也叫金惠子的人，因此没往心里去，没想到这个“金惠子”就是我。

我一旦专心致志做什么事情，就算旁边有人敲锣打鼓，我也浑然不觉。因此，经常有人说我只知道自己，别的什么都不顾。演话剧真的太有趣了，我仿佛进入了崭新的世界，几乎没演过什么青春电视剧。26岁开始表演话剧，29岁怀上了第二个孩子，当时的妊娠反应很强烈，只能吃草莓。我一边吃草莓，一边演话剧《友达啊，不要等到鸡叫》。4年里，我痴迷话剧，终于领悟了表演的真谛。不知道从什么时候开始，我成了话剧界的明星，恰好赶上文化频道开播，选中了我。也就是说，我从30岁正式进入电视界。电视剧是另一番新的天地。我很快就迷上了电视剧表演，并有如鱼得水之感，于是中断了话剧的演出。

我无法同时做好两件事情。18年后，我再度演出的话剧《19和80》获得了东亚演技大奖，凭借40岁时演出的电影《晚秋》获得了菲律宾马尼拉国际电影节的最佳女主角奖。1998年，我演的《蛋黄酱》后来在印度国际电影节获得最佳影片奖。

因演电视剧而获得的奖项更是不计其数，无法如数家珍般一一列举。有一年，我演了《沙之城》和《冬日迷雾》两部微型系列剧，中间只隔了一个月。起初，我觉得这样的事情很不可思议，不同意出演，但是执著的导演说服我，我也只好同意了。《沙之城》结束一个月，接着演出《冬日迷雾》。这对演员来说是巨大的冒险，甚至有可能失去《沙之城》中赢得的掌声，因此我更要拼命扮演好《冬日迷雾》中的女人。仅隔一个月，我要扮演两种截然不同的角色，从一个因为丈夫背叛了她，而她不肯原谅曾经深爱并信任的丈夫，渐渐变得独立的女人；仅仅一个月后，一下子又变成跟丈夫恩恩爱爱，过着贫穷却幸福的生活，两个儿女也很乖巧，还拥有了梦寐以求的房子。突然有一天，女人被查出身患癌症，于是她抱怨神灵，为什么偏偏让她患了不治之症。

我就是要饰演这个女人，每天都要努力领会隐藏于字里行间的女人的心情，经常练习到凌晨4点左右。有一天夜里3点，我记得非常清楚，我托着腮坐在书桌前，想像着这个女人。突然间，我感觉眼前豁然开朗，望不到尽头的宽阔道路上映出了耀眼的光芒。那个瞬间，我恍然大悟，仿佛明白了一切，感觉自己再也没有困惑了！我不知道应该如何表达当时那种只可意会而不可言传的心情，但我觉得自己真正达到了表演的最高境界。那种飘飘欲仙的喜悦和快感，我永远都不会忘记。这样的瞬间一生能有一次我就知足了！

两部微型系列剧全部取得了成功，并在百想艺术大奖中获得了电视剧部门的大奖。不是为了炫耀，我只是迷上了自己所扮演的角色。我总是生活在剧本描绘的世界里，从早到晚，即使睡觉也要想着我扮演的那个女人喜欢什么，孤独的时候做些什么。我一直认为，要想说出剧本中的台词，就必须成为剧本未能细致刻画的女人。只有这样，台词才能显得恰如其分。

2001年的话剧《第二春》是我独自表演的作品。“我绝对不会表演独角戏。”平时我总是这样想。然而，当我接过这部剧本，放在书桌上时，却看到了剧本封面的作家肖像。那一刻，我感觉我会演这部话剧。那是英国剧作家威尔利·鲁赛尔。他的肖像就是我认真阅读剧本的理由。独角戏太可怕了，这本来是作家为达到某种境界的演员所作的献词。独自在舞台上稍有失误，也无法掩饰。不管你怎样尽力周旋，也无法避开观众的视线。

我全力以赴，努力让自己变成作品中的女人，以至于睡觉也常常梦见《第二春》，诉说着这个女人的故事。我睡不好觉，总是说梦话：

“求求你走吧，谢尔莉，我要睡觉了，嗯？”

好笑吧？这部话剧大获全胜，共上演了6个月，虽然后来我接到了重演的邀请，但是我还是拒绝了。所有的人都感到遗憾，可是我没有信心恢复当时的激情。我无法同时出演两部作品，因为我没有同时成为两个女人的能力。埋头于作品的时候，我感觉有愧于家人，给他们带来了深深的伤害。但他们没有责怪我，不是因为我单单是妻子、母亲，而是因为尊重我是演员。不久前，儿子抱着我说："妈妈像孩子似的单纯、任性，这些只有我和爸爸知道。现在爸爸也走了。啊，好可怜！"我忍不住掉下了眼泪。丈夫在临终时也说过："没有了我，你一个人痛苦的时候怎么办呢？"

每当心乱如麻的时候，我就会感到困倦，不想去解决那些复杂的问题，只想酣然大睡一觉。只有在演戏的时候，或者对剧中某个角色痴迷的时候，我才会精神焕发，两眼发亮。别的时候，我的眼皮总是低垂着。我认为并不是只有亲身经历的人才能演好剧本。一个离婚的演员扮演离婚女子，只会被当时的心情束缚；没有离婚经历的人可以通过书籍等各种途径获得相关的感受，或者通过想像也可以感受很多，这样反而演得更好。

太现实的表演反而令人厌烦。就像在宽大的画布上，一个点或者一条长线也许更能打动人心。同样的道理，表演在超越某种境界的时候，必须以特定的方式表现出来。但是，表演难就难在不是一个人做好就可以的，还必须有编剧、导演和演员的齐心协力合作才行。

有一段时间，我很想扮演不会说话的女人，因为电视剧的台词太啰嗦，我深深地厌倦了。现在，一切都要结束了。我对作品吹毛求疵，因而有人拐弯抹角地对我说："你应该正视现实。"我知道我的时代已经过去了。我依然像从前那样开车，听到感人的流行歌曲就忍不住想哭。每当这时，我就会观察自己的手做着怎样的动作，眼睛看着什么地方哭泣。即使是伤心得不知如何是好，我也要想想自己是什么样子。每次我都会这样。

可是，当我去看那些可怜的孩子的时候，却想不到别的事情，只专注于孩子们的痛苦。这时，我的心里只想着一个问题：我该为这些孩子做些什么呢？

我知道，只有我死了，我对表演的激情才会熄灭！书桌前的窗户朝向茂密的洋槐树林。每到炎热的夏天，我推开窗户打开台灯看书时，小飞虫就通过严密的纱窗钻进来，萦绕在台灯周围。无数小飞虫的尸体将台灯周围变得黑压压的。它们有多么喜欢光明，否则怎么会不顾死活通过纱窗进来，又心甘情愿死在灯光前呢？有人会觉得它们的死亡很愚蠢，然而在我眼里，它们的死亡却是那么美丽，因为那份激情，那份爱。

我一直这样想，即使是同样的台词，因为我的心情不同，有时传达出来的是希望，有时却是绝望。即使我扮演的女人身陷不幸，我也想在不幸的尽头传达出可能存在的一线希望。

我相信，我会通过自己扮演的女人发现爱，发现美丽，发现希望和光明。不管是通俗艺术还是高雅艺术，都能让人变得美丽和纯真。对此我深信不疑。这不就是艺术行为应该传达的信息吗？我痛哭过后，心情就会变得单纯。但即使流着泪，我也会想：没什么大不了。这样，我的心情也变得更单纯起来。真正的悲伤是什么？真正的喜悦又是什么？真正的虚无是什么？真正的爱又是什么？真正应该为之献身的事情是什么？究竟什么才是真正的价值？这些都是我想通过表演传达的感情。

对我来说，与人打交道是件困难的事情。这一方面是我的性格使然，另一方面是因为我常常怀有一个念头，关于眼睛看不见的价值。30年来，我只演出了文化频道的作品，就是因为我想听别人说："只有打开文化频道，才能看到金惠子。"我还是第一制糖公司持续了27年的广告代言人。这在广告界也是极为罕见的事，因此我还创下了吉尼斯世界纪录。这期间我也受到了很多广告商的诱惑，有的大公司甚至说："你想要多少钱，我们都可以支付。"这样的条件很有诱惑力，然而我还是希望固守一家公司，让消费者更加信任我代言的产品。这也是为了期望我代言的公司能生产出更好的产品，让消费者觉得"金惠子宣传的东西，应该可以相信"。那么漫长的时间里，第一制糖公司只选择我做广告代言人，我也深表谢意。

可是，世间并没有所谓的永远。既然有开始，就注定有结束；既然有相聚，就必然有分离。一切都飞快地过去了。作为演员，我的人生是幸福的。当然也有不幸的时候，比如，有时很晚才拿到剧本，我没时间把自己真正融入到剧本中，只能在台上呆呆念台词；有时即使付出满腔热情也无济于事。在我无法打动观众时，我觉得自己简直就像生活在人间地狱里。这样的情况虽然微乎其微，但是每当这样的时候，我都有想死的心。不管所演的电视剧是成功还是失败，每部戏表演结束之后，我都会大病一场，痛苦上一个月。

近来，剧作家越发呈现出年轻化的趋势，年轻演员们的故事成为主旋律。我自己也喜欢看年轻演员，因为青春无敌，所以青春是美丽的。但是，正如每个人都是自己人生的主角，年老的演员即使扮演配角，也有那个人物独特的人生。如果只能成为年轻角色的陪衬，是无法称其为好作品的。即使只有一个镜头，也有这位演员出场的理由。只是现在，我们已经很难看到这样的电视剧了。我怀念真正的悲伤、真正的喜悦、真正的苦恼，还有真正的爱情故事。

致谢辞

过去10年间，我经常走访世界各地的孩子们，《田园日记》也就常常需要提前录制。为此，剧作家必须提前为我写好稿子，别的演员也要专门腾出时间。当然了，剧组工作人员也增添了很多额外的工作。真的非常复杂。尽管如此，却没有人显得不耐烦。整个电视台都在为我和我要帮助的孩子们着想，我要向他们表示真诚的感谢。

如果我不在，在《田园日记》中扮演我丈夫的崔佛岩先生总是独自坐在内室，双手放在腿下。金守美和高斗心女士也都这样说："姐姐不在时，崔先生看上去很孤独。"前辈郑爱兰女士也经常说："你要注意健康啊。到那边去吃什么啊？"还有导演权彝详先生总是绞尽脑汁，协调好所有的工作。

如今，我的丈夫已经不在人世了。从前，每当我去卢旺达、索马里等战争地区的时候，他总是以关切的目光注视着我，我就对他说："没关系。即使我在那里出了什么事，你也不要太伤心。人生在世，谁又能难免一死呢？"我非常感谢我的丈夫总是面带微笑，在背后默默支持着我；感谢我亲爱的孙女智柔，她对于这本书的写作给予了最大的关心，多次问我什么时候才能全部写完；感谢陪我前往索马里的郑永淑女士；感谢陪我前往卢旺达的朴相元先生，直到现在他还在为孩子们费心。

另外，我要感谢世界展望会，让我知道世界的某个角落还有如此可怜的孩子们。感谢为本书祈祷的朴宗三会长和他的职员们，感谢每次我去这些国家的时候总是给予我真诚帮助的申熙京组长，还有喊着"惠子嬷嬷"关心本书进展的韩飞野组长，以及在塞拉利昂迎接我们的联合国里惟一的韩国人高东柱先生，他给了我韩国最顶级演员的礼遇，甚至动用联合国的飞机。感谢作家朴庆姬女士，近10年来她为远东广播公司的《与金惠子喝茶》节目撰稿，每次我要出发，她都不得不紧急编写大量的底稿，其中辛苦可想而知。感谢陪我同行到各个国家的编导和摄影师，还有那位往爱心面包的筹款箱里放入1000万韩元(相当于人民币8万元——译注)支票却没有留下姓名的人，我常常想，如果世间真有天使，那么非您莫属了。

我还要感谢诗人柳时和。每当我的生活遭遇挫折的时候，他总是给我力量，为我指引方向。若不是因为他，这本书根本不会问世。

仔细想想，所有的一切都值得感谢。直到这本书出版之前还在帮助我的朋友们，我想借此机会再次向你们说声谢谢。至于本书所选的照片，有一些是我保管的，有许多我都不知道作者是谁，也就这么用了，感谢你们把我拍得富于生命的气息。感谢西藏16岁少年格桑，我在正文中引用了您的《西藏的孩子们》这首诗。感谢郑熙宰先生允许我引用他的文章。本书题目(韩文版书名)借用了教育思想家保罗·弗莱雷的话。我觉得再也没有哪个题目更符合本书的内容了。感谢保罗·弗莱雷先生。

孩子们的来信

您好：

我和爷爷都很好，现在是爷爷在照顾我。我已经是苏恩娜小学一年级的学生了，学习很认真。每天放学以后，我去打水、拣柴，也帮助家里干零活、做饭。我们家地里还有农活，今年的农作物已经全部收割了，收获的粮食都搬回了家。现在，我们这边是夏天，忽冷忽热，让人很难受。但是，刚刚下了5天雨，空气也变得很新鲜了，仿佛所有的尘土都没有了。无论是对于人还是对于动物，这样的季节都很好。您寄给我的礼物已经收到了，非常感谢。如果您有时间，盼望您能给我回信。

——阿卡鲁·麦斯嘉

您好：

我过得挺好的。我暂时辍学了，因为爸爸和妈妈挣钱很不容易。爸爸和别人合伙经营一个很小的农场，妈妈每天都去拣柴卖钱。如果家里经济情况允许，明年我还想上学。我用一个小小的白铁罐帮爸爸妈妈打水。我们这里现在是冬天，白天很热，可是夜里很冷。3天前，这里开始下雨了，这种天气很适合牛和人。您寄来的礼物收到了，别提我们有多么开心了。衷心地感谢您。

——苏菲·内基罗

您好：

感谢您给我儿子写信。收到您的来信，我们一家人都非常高兴。我们也衷心祝福您和您的家人身体健康，生活幸福。尼莫斯·查图兰贯的生日在4月。我们今年打算把尼莫斯送进幼儿园。尼莫斯很喜欢玩耍，他爱玩沙子、打球、骑自行车和唱歌。每次我们去寺庙向佛祖祈祷，他都会跟着。他也喜欢祈祷。我们这里的农作物离不开雨水，如果雨水不及时，所有的庄稼都会枯死。这样的话，很多人家的生活就会面临困难了。

我们这里的大自然非常美丽。大象、孔雀、鹿、牛、绵羊等动物应有尽有。每年4月，斯里兰卡的佛教徒们都要举行新年庆典。这段时间，每个家庭都显得喜气洋洋。家家都在享用蛋糕、牛奶和大米制作的甜美点心。所有这些都要在传统的过年时间进行。我们都还要穿上新衣服，到处串门。我们去爷爷奶奶家、亲戚朋友家，他们也来我们家。这时候我们停止所有的工作，等休息一段时间再重新开始。在这一段时间，我们还要交换礼钱。新年是4月14日。如果说我们还有什么愿望，那就是希望孩子能够读书学习，希望儿子能够成为优秀的斯里兰卡人。再次衷心感谢您对我们儿子的帮助。

——尼莫斯·查图兰贯的妈妈

您好：

我和父母都过得很好。因为有您的帮助，我感到非常幸福。我的名字叫图鲁斯·杰内布，跟着父母生活。我的爸爸是农民，妈妈是家庭主妇。下面是我的弟弟妹妹的情况：大弟弟迪亚沙今年 8 岁了，还没有上学；小弟弟迪麦肯今年 6 岁，也没上学；妹妹哥内丝今年 10 岁了，正上三年级。

我们生活在亚的斯亚贝巴以西 195 公里的农村。

这个地区有座大山，非常美丽。山上覆盖着郁郁苍苍的树木，里面有狮子、老虎、鬣狗、野猪等野生动物。

这里的主要农作物有大麦、小麦、大豆、豌豆等。我们的主要食物是假香蕉（形似香蕉树，但不结果实，其根、茎、叶可食用的植物，生长在埃塞俄比亚——译注）和苔麸。我们家的屋顶是用草盖的，墙壁是木头和泥土垒的。我们喝小溪水，用篝火代替电灯。篝火使用的木柴全部来自山上，男人用肩扛柴，女人只能背柴。

对了，我已经上四年级了。

衷心希望您身体健康。

——图鲁斯·杰内布

您好：

我是比萨·比塔尔·沙塔姆。您寄来的 24 色蜡笔和彩色铅笔，还有卡片和您的照片，我都已经收到了。我最喜欢您的照片了。当然了，别的礼物我也都很喜欢。我把您的礼物拿给朋友和学校里的老师看，他们都很高兴。

我正在努力学习，准备迎接 4 月 7 日进行的期末考试。考完试以后，就是长达两个月的暑假了。我们这里的气候很湿润。非常感谢您的关怀。

——比萨·比塔尔·沙塔姆

您好：

我向您介绍一下小女孩查德拉卡的情况。查德拉卡已经上学了，并且非常喜欢学习。目前，她住在孟买的贫民窟，旁边就是工业区。在这个小小的贫民窟里，居民们信仰着不同的宗教。住在这里的都是做零工的人。人们使用市政府修建的公共供水设施和厕所，主要食用大米、大豆和蔬菜。查德拉卡和父母生活在一起，母亲是家庭主妇，父亲是工人，查德拉卡还有个弟弟。

印度人都过排灯节。这是印度非常重要的节日。排灯节的早晨，人们早早地在家里祈祷，然后举行庆祝活动。家家户户都要准备特别的食物，朋友和家人围坐在一起，尽情享用。对于所有的印度人来说，排灯节都是非常愉快的日子。查德拉卡和她的家人都非常感谢您的帮助。因为有了您的帮助，她们的生活发生了很大的变化。查德拉卡正在成长为优秀的孩子。

——查德拉卡

社会福利师约翰·拉比代笔

金惠子女士除了帮助生活艰难的韩国的少男少女家长们，还与全世界贫穷国家的孩子们结下了深厚的缘分。为了帮助那些贫穷的孩子们，她愿意拿出本书销售所得的全部版税。世界各地共有8亿人忍受着饥饿的折磨，其中2亿是少年儿童。在撒哈拉沙漠以南的非洲地区，71%的儿童都没有出生登记，南亚地区也有63%的儿童没有落户。全人类的1/5，也就是12亿人的生活费每天不足1美元。只要1万韩元(相当于人民币80元——译注)，就能让一个孩子吃饱一个月。分享是我们惟一的希望。以下是金惠子女士通过世界展望会认养的世界各地的儿童(为了保护个人信息，韩国的认养儿童从略)。

雷罗耶·内杰米拉、伦塔·泰森、雷基马勒古·达马里斯、莱第提·达马鲁、雷凯利·扎卡、罗米沃提·萨达姆、雷基沙尔·雷基罗、雷古拉·塞尔维亚、雷马尔第·沙特、雷基马勒古·詹芮卡、莱比拉·帕奈斯、雷基马勒古·塞尔维亚、罗图阿·布莱恩·塞莱提、雷古拉·玛丽亚、雷安托·纳比雷、雷索罗戈尔·罗伯库耶、雷库鲁扎兰·南查尔、兰塔亚·杰基纳、雷戈尔·杰克逊、雷纳库马·南吉利奥、莱厄莫尔·拉多比、雷朱洛古·莱恩塔、雷卡代洛·格利安、雷奥罗亚·林凯西、莱沙拉·奈利、库姆沙·麦斯图、索波卡·比尔哈耐、古塔马·池巴莱、贝克莱·鲁菲、比尔哈努·

巴塞、比尔哈努·迟那布、巴亚拉·库买、奥鲁玛·雷洛、姆母马·埃池古、姆图马·阿莱卡斯、雷克塞·阿克图、库泰塔·玛比图、黛贝莱·德第巴巴、黛贝莱·黛图、贝加纳·泰雷沙、西比拉乌·卡巴耐、库图·贝塔、塞尔莱马·拉麦沙、塞尔莱马·瓦库马、凯格沙·达麦西、凯格沙·塔莱沙、哈鲁·麦斯莱特、哈鲁·里基塔、哈鲁·阿斯泰勒、内凯拉·塞来玛、卡登·夏海拉、卡登·阿尔济纳、卡登·阿斯玛、卡登·塔斯里玛、卡登·里比、卡登·卡巴西、卡登·莫利、哈库优·帕扎纳、阿瑟波乌·裴加杜、图鲁斯·杰内布、奈加沙·贝尔哈奈、托尔罗沙·齐内布、托尔罗沙·齐内特、贝加莱·波哈耐、阿卡鲁·麦斯嘉、苏菲·内基罗、波格纳·达买、尼莫斯·查图兰贯、帕提尔扎旺特·卡扎尔、卡特苏里达尔·沙里、比萨·比塔尔·沙塔姆、卡第休姆达尔·弗里安卡、默希特沙拉德·斯瓦第、拉兹巴尔加拉兹·尼夏尔、加扎莱纳哥第拉·查德拉卡、帕特尔休库马·加伊特里代比、夏克雷赫蔓·阿布杜尔、兰代比休瓦纳斯·夏克尔、麦赫特莱高宾得拉奥·苏尼尔、瓦格玛莱塔拉奥·尚格玛库玛尔、阿达布巴拉特·加内休、扎达布巴拉夏海布·撒加尔、拉扎帕克夏·皮·尼迈休·查德拉卡、弗吉尼亚凯·普拉夏特·印第卡、欧文克莱尔·沙印扎亚、普来布·泰姆真、巴尔丹哥尔顿道布·阿尔赞珠、凯莱尼亚玛·阿休乔克特、乌兹布莱恩·布安巴特、巴安济格·考格乔玛、肯图穆尔·加利文、奥特高恩扎加尔·奥特高恩巴尔、耐古恩·第·希恩、耐古恩·班·布恩、雷·古昂·希乌、特兰·提·米·杜恩、宝·提·吉姆·塔安、道恩·提·努·布因、特兰·考翁·杜翁、那高·提·米·库因、耐古恩·提·耐高·图恩、尼亚玛比尼·勒克莫尔

如果您愿意给予，乐于分享，
请您与以下慈善机构联系：

中国红十字基金会

网　址：http://www.crcf.org.cn
捐助热线：010-65139307　65136497
　　　　　65599176　65222340
邮汇捐款：
单　位：中国红十字基金会
地　址：北京市东城区东单北大街干面胡同53号
邮　编：100010
银行捐款：
开户名称：中国红十字基金会
人民币开户银行：中国银行北京分行
账　号：800100921908091001
短信捐助：
编辑短信"1"或"2"发送到"1069999303"，即向"红十字天使计划"捐款1或2元人民币；编辑短信"MY5"或"MY10"发送到"1069999303"，即向"红十字天使计划"每月捐款5元或10元人民币。

中国儿童少年基金会

网　址：http://www.cctf.org.cn
捐助热线：010-85115407　65103495
联系人：许长秋
邮汇捐款：
单　位：中国儿童少年基金会
地　址：北京市建国门内大街15号
邮　编：100730
银行捐款：
开户名称：中国儿童少年基金会
人民币开户银行：北京中国工商银行华润大厦分理处
账　号：0200214519200002640

嫣然天使基金

网　址：http://www.crcf.org.cn/yanran
邮汇捐款：
地　址：北京市东城区朝阳门内南小街干面胡同53号310室
邮　编：100010（汇款请注明：嫣然天使基金）
银行捐款：
开户名称：中国红十字基金会
人民币开户银行：中国银行北京分行
银行账号：800100921908091001（汇款请注明：嫣然天使基金）

濮存昕爱心基金

网　址：http://www.cydf.org.cn
捐助热线：010-64035547
邮汇捐款：
地　址：北京东城区交道口南大街后圆恩寺胡同甲1号
邮　编：100009（汇款请注明：濮存昕爱心基金）
银行捐款：
开户名称：中国青少年发展基金会
人民币开户行：中国工商银行北京东四南支行
账　号：0200001029014484859（汇款请注明：濮存昕爱心基金）

中国妇女发展基金会"中国母亲援助"行动组委会

网　址：http://www.chinamama.com.cn
捐助热线：010-65103489　65103487
传　真：010-65242524
联系人：李晓燕　　赵光峰
邮汇捐款：
单　位：中国妇女发展基金会"中国母亲援助"行动组委会
地　址：北京市建国门内大街15号全国妇联办公大楼1121室
邮　编：100730
银行捐款：
开户名称："中国母亲援助"行动组委会
人民币开户银行：中国光大银行北京王府井支行
账　号：35020188000005514（敬请注明"敬母、爱母、助母"总动员）
短信捐赠：编辑"5"发送至10699988

图书在版编目（CIP）数据

雨啊，请你到非洲／（韩）金惠子著；薛舟，徐丽红译．—北京：中国三峡出版社，2007.12

ISBN 978-7-80223-385-0

Ⅰ．雨… Ⅱ．①金…②薛…③徐… Ⅲ．随笔—作品集—韩国—现代 Ⅳ．I312.665

中国版本图书馆 CIP 数据核字（2007）第 165781 号

版权合同登记号　图字：01－2007－5493 号

中国三峡出版社出版发行

（北京市西城区西廊下胡同 51 号　100034）

电话：(010)52606692　52606693(发行部)

(010)52606690(编辑部)

http://www.e-zgsx.com

E-mail:sanxiaz@sina.com

ybs5193@163.com(编辑部)

北京鑫丰华彩印有限公司印刷　新华书店经销

2012 年 5 月第 3 版　2012 年 5 月第 1 次印刷

开本：889×1194 毫米　1/24　印张：9

字数：110 千字

ISBN 978-7-80223-385-0　定价：25.00 元